京都魔界案内

出かけよう、「発見の旅」へ

小松和彦

知恵の森文庫

光文社

まえがき

京都は、千二百年もの歴史をもつ古い町である。たくさんの魅力的で刺激に富んだ文化が生み出され、今日まで伝えられている。だが、時の流れに押し流されて、消え去り、忘れられていったものも多い。

ここで考えようとする京都は、これまでのキャッチフレーズであった「雅《みやび》」の京都ではなく、そうした忘れられた京都、見逃されがちだった京都である。そのための入り口はいろいろあるが、ここで私が選び取ったのは、「魔界」としての京都である。

「魔界」というとぎょっとする方がいるかもしれない。魔物が出るところという意味だけにとられてしまいそうである。だが、ここでは、もっと広い意味で使っている。それは、京都に住んでいた人びとが思い描いた、神や妖怪《ようかい》のたぐいが住む場所や恐怖の場所、つまり「不思議」のあった場所といった程度の意味なのである。

たとえば、清水寺《きよみずでら》の境内《けいだい》の、縁結びで有名な地主《じしゅ》神社の一角に、さりげなく、ここはかつて丑《うし》の刻参りのときに、呪《のろ》い人形を打ちつけた樹《き》があったところだといったことを記した説明板が掲げてある。これを見た私は、清水寺の奥の院には縁切りで信仰を集めた夜叉《やしゃ》神堂もあり、清水寺などに俊徳丸《しゅんとくまる》の継母が呪い釘《くぎ》を打ち込んだという中世の語り物『俊徳丸』の物語などを思い出した。

呪いをする場所――それは恐ろしい場所である。しかし、よくよく考えてみると、そこは人びとの怨《うら》みや憎しみのはけ口となっていた貴重な場所であった。つまり「いやし」の場所であったわけである。

長い歴史を誇る京都では、幽霊出没の話も昔からたくさん伝えられてきた。この伝統は今でもしっかりと伝えられている。しかしながら、幽霊譚《たん》は人びとに共有化されにくい。幽霊は特定の人を目指して出現することが多いからである。憎らしい相手や好きな相手の前に出てくるというのが幽霊の正しい出現の仕方なの

である。

ところが、赤の他人も、たまたま事故で死んだとか自殺したとかいったいわくのある場所で幽霊に出くわすことがあった。病院や墓地なども死と深く結びつい

た場所であるがために、幽霊が出やすい場所であった。

たとえば、かつて三十歳くらいの女性の幽霊が出るということで評判になった下鴨静原大原線、俗に「幽霊街道」と呼ばれる道路もその一つであろう。この近くで三人の女性が自殺したので、その女性の幽霊ではないかと噂《うわさ》されたという。

おそらく、京都のあちらこちらで、今でも怪談がつむぎ出されてはまたたくまに消え去っているのであろう。その一つひとつを拾い出し考察の手を加えることができれば、京都に生きる人びとの心とそれを支える生活の様子もまた、明らかにすることができるのではなかろうか。

自分たちが住んでいる「日常生活領域」とは異なっていると思う領域――それが「異界」であり、そこに人間に危害を加えるかもしれないような魔物・妖怪のたぐいが潜んでいると思ったとき、そこは「魔界」となる。京都には、京都の住民に共有されるような「異界」や「魔界」がたくさん作り出され、伝承されてきたのだが、合理的な思考の発達や科学技術の浸透によって、そうした異界や魔界も人間によって征服されて日常生活の領域に組み込まれ、そうした領域があったという歴史さえも忘れ去られつつあった。

しかし、異界を作り出す想像力が失われたわけではない。いや、むしろ現代人は異界を意識することで、心に安らぎを見出すことができることに、再び気づき始めているように思われる。

　このように考えると、魔界探しは、じつは京都の人びとの心の歴史を探ることだと思われてくる。

　ともかく、鬼が出るか、蛇《じゃ》が出るか、歩きながら確かめてみようと思う。

二〇〇二年一月

小《こ》松《まつ》　和《かず》彦《ひこ》

京都全域図
田尻
小野郷
朝日峰
杉坂
中川
峰山
愛宕山
高雄山
槇ノ尾
高雄
氷室
城山
雲ヶ畑
西賀茂
船山
沢山
大北山
善妙寺
桃山
梅ヶ畑
清滝
国道162号(周山街道)
白砂山
大文字山
衣笠山
鳥居本
上嵯峨
落合
小倉山
大覚寺
宇多野
平野
嵯峨野
鳴滝
なるたき
たかおぐち
うたの
御室
花園
大将軍
北野
JR山陰本線
さが
あらしやま
うずまさ
ときわ
はなぞの
トロッコ嵐山
あらしやま
かたびらのつじ
うずまさ
かいこのやしろ
やまのうち
さんじょうぐち
にじょう
西の京
二条城
下嵯峨
桂川
嵐山
京福電鉄嵐山線
鞍馬
くらま
きぶねぐち
にのせ
いちはら
箕ノ裏ヶ岳
にけんぢゃや
せいか
だいがくまえ
きの
いわくら
静原
金毘羅山
大原
瓢箪崩山
水井山
雄琴
横高山
堅田
かただ
おごと
神山
柊野
上賀茂
京都産業大学
岩倉
深泥池
国際会館
はちまんまえ
八瀬
やせゆうえん
みやけはちまん
四明岳
ケーブル
坂本
さかもと
ひえいざんさかもと
まつのばんば
あのう
しがさと
みなみしが
JR湖西線
唐崎
からさき
鷹ヶ峰
玄琢
大宮
小山
北山
松ヶ崎
たからがいけ
上高野
山端
しゅうがくいん
修学院
紫野
北大路
京都大学
下鴨
高野
いちじょうじ
一乗寺
重石
鞍馬口
出雲路
田中
ちゃやま
北白川
西陣
出町
でまちやなぎ
もとたなか
百万遍
山中
おうみじんぐうまえ
にしおおつ
おうじやま
べっしょ
今出川
同志社大学
鴨川
京都大学
吉田
浄土寺
聖護院
如意ガ岳
鹿ヶ谷
みいでら
はまおおつ
丸太町
京都市役所
まるたまち
岡崎
大江能楽堂
南禅寺
二条
二条城前
烏丸御池
京都市役所前
三条京阪
かみさかえまち
おおつ
国道1号
烏丸通
河原町通
けいはんさんじょう
小花路見通
東山
蹴上
くじょうやま

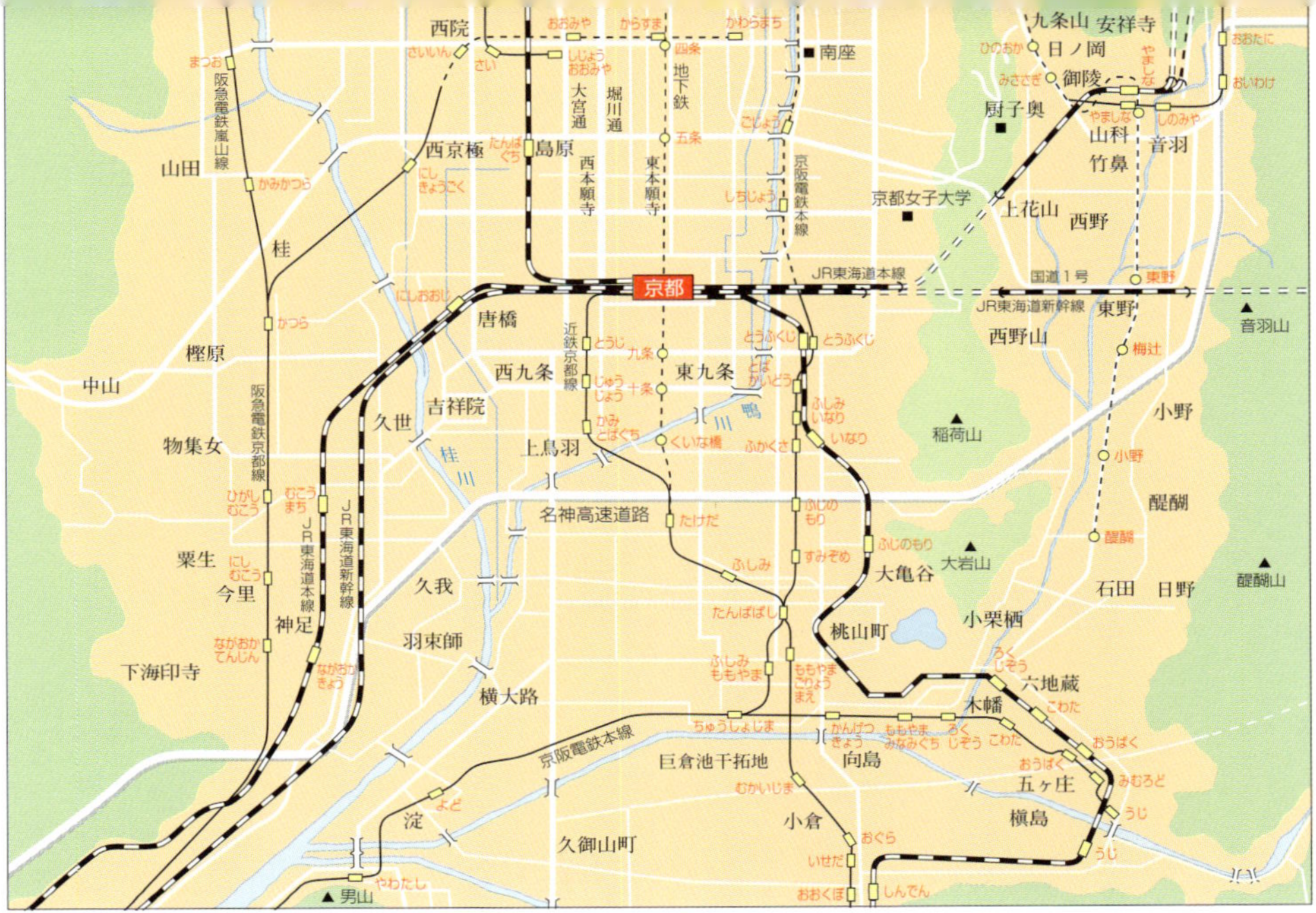

京都
西院
南座
九条山
安祥寺
日ノ岡
御陵
厨子奥
山科
音羽
竹鼻
上花山
西野
京都女子大学
西野山
東野
国道1号
JR東海道本線
JR東海道新幹線
音羽山
梅辻
小野
醍醐
稲荷山
大岩山
石田
日野
醍醐山
大亀谷
桃山町
小栗栖
六地蔵
木幡
向島
五ヶ庄
槇島
巨倉池干拓地
小倉
久御山町
淀
男山
京阪電鉄本線
横大路
羽束師
久我
名神高速道路
上鳥羽
吉祥院
久世
西九条
東九条
唐橋
近鉄京都線
島原
西京極
大宮通
堀川通
西本願寺
東本願寺
地下鉄
桂
桂川
鴨川
山田
阪急電鉄嵐山線
阪急電鉄京都線
樫原
中山
物集女
粟生
今里
神足
下海印寺
JR東海道本線
JR東海道新幹線
まつお
かみかつら
かつら
にしおおじ
さいいん
さい
おおみや
しじょう おおみや
からすま
四条
かわらまち
ごじょう
五条
たんば ぐち
にし きょうごく
しちじょう
とうじ
九条
じゅう じょう
十条
かみ とばぐち
くいな橋
とうふくじ
とば かいどう
ふしみ いなり
いなり
ふかくさ
ふじの もり
ふじのもり
すみぞめ
たけだ
ふしみ
たんばばし
ふしみ ももやま
ももやま ごりょう まえ
ちゅうしょじま
かんげつ きょう
ももやま みなみぐち
ろく じぞう
こわた
おうばく
みむろど
うじ
むかいじま
おぐら
いせだ
おおくぼ
しんでん
よど
やわたし
ひがし むこう
むこう まち
にし むこう
ながおか てんじん
ながおか きょう
ひのおか
みささぎ
やましな
しのみや
おおたに
おいわけ
東野
小野
醍醐

●目次

まえがき　3
京都全域図　10

一章　洛中　雅《みやび》の都に「闇」が潜む　21

朱雀門跡《すざくもんあと》　23
絶世の美女は骨の寄せ集めだった　稀代の名器は、鬼からの贈り物

鵺大明神社《ぬえだいみょうじんしゃ》　28
人びとの想像力が、闇に蠢《うごめ》く怪鳥・鵺を生み出した

神泉苑《しんせんえん》　31
天皇に取り入るための空海と守敏の死闘

矢田寺《やたでら》　34
地獄の業火を見たければ、どうぞ

晴明神社《せいめいじんじゃ》　37
安倍晴明ブームは、この地に始まる　奇跡のもとは童子にあった　式神が空を飛び、そして人が死ぬ　戻橋——橋はあの世とこの世を結び、そこに魔物が潜む　晴明が駆使した最強の再生呪術・反魂の法とは

福大明神社《ふくだいみょうじんしゃ》　50
目的のためには手段を選ばない邪術・ダキニ天法とは

白峯神社《しらみねじんじゃ》　53
天皇家を呪い続けた怨霊・崇徳上皇

鞠精大明神《まりのせいだいみょうじん》　56
ここに日参すれば、Jリーガーになれる!?

北野天満宮《きたのてんまんぐう》　59
学問の神は、もともと祟り神だった　人が神に祀り上げられるきっかけは、どこにもある

相国寺《しょうこくじ》　64
日本人が狐に託した愛憎半ばするイメージ

蜘蛛塚《くもづか》　67
源頼光が退治した巨大蜘蛛とは何だったのか
上御霊神社《かみごりょうじんじゃ》　70
「不安」だから「平安」と名づけられた
五条《ごじょう》　73
陰陽師が生み出した牛若丸・弁慶伝承　「一寸法師」が祀られる「天使の社」
良縁を求めたければ道祖神に
河原院跡《かわらのいんあと》　79
光源氏の夢の跡をたどる
羅城門跡《らじょうもんあと》　82
日本人の心に残る「恐ろしい場所」

二章　洛北　鬼と天狗が棲む異界・「暗魔《くらま》」　85

貴船神社《きふねじんじゃ》　87

そこは、洛中洛外屈指の魔界だった　縁結びの神は縁切りの神　暗夜に浮かび上がる人間の怨念

鞍馬《くらま》 95

竹伐り会は、大蛇退治の伝承に始まる　いったん死に、再生する、竹伐り会のもう一つの顔　鞍馬の奥には天狗が棲んでいる　天狗道の総本山・僧正が谷　僧正が谷の奥に息づく鬼の国伝説　義経さえ欲しがったアンチョコとは　スケープゴートになった「小さき神々」

八瀬《やせ》 112

先祖が「鬼」であることを誇る人びと　高僧のガードマン・護法童子　八瀬に伝わる酒呑童子伝説

摂取院《せつしゆいん》 119

大原——恋に破れた女が龍蛇と化す

岩屋山《いわやさん》 122

空海が修行した歌舞伎『鳴神』の舞台

惟喬神社《これたかじんじゃ》 125

敗者・隠者が崇めた惟喬親王
深泥池《みどろがいけ》 129
「すむ水鳥のあるぞ怪しき」恐ろしい場所　節分の始まりを伝える「豆塚」は「魔滅塚」でもあった
赤山禅院《せきざんぜんいん》 134
これは強い。閻魔王転じて祭神となる　天皇の「身代わり」として猿を祀る
三章　洛東　呪い渦巻く冥府・魔道との境界 141
六道珍皇寺《ろくどうちんのうじ》 143
門前には、地獄の入り口がある
八坂神社《やさかじんじゃ》 146
「祇園さん」には、恐ろしい疫病神が祀られている　華やかな歴史絵巻・祇園祭には、民衆の悲しみが込められている
八坂《やさか》の塔《とう》 153

日本歴史上屈指の呪術師・浄蔵
三年坂《さんねんざか》 156
ふと見上げると、そこには鵺《ぬえ》が埋葬されていた
知恩院《ちおんいん》 159
七不思議、大好き！
将軍塚《しょうぐんづか》 162
天皇家が危機を迎えたとき、大地は鳴動する
清水寺《きよみずでら》 165
観音様を脅せば、呪いが叶う
鳥辺山《とりべやま》 168
母の無辺の愛を知る幽霊飴伝説
三十三間堂《さんじゅうさんげんどう》 171
頭痛持ち・後白河法皇とドクロ伝承
耳塚《みみづか》 174
そこには、耳も鼻も、そして首も埋まっている

四章　洛外　奇跡を実現させる仏教以前の神々　177

愛宕山《あたごさん》　179
「不滅の火」があれば、一日が千日に匹敵する　天狗の像に釘を打ち、呪殺する　比叡山延暦寺に戦いを挑んだ天狗《てんぐ》たち　宇宙山――天と地は愛宕山で結ばれている

清滝川《きよたきがわ》　191
やれあやかりたや「飛鉢法」

大酒神社《おおさけじんじゃ》　194
グロテスクな「摩多羅神」を祀る「牛祭」

帷子の辻《かたびらのつじ》　198
愛するゆえに野に捨てられた皇后の遺骸が……

老ノ坂峠《おいのさかとうげ》　201
子安地蔵に込められた安産祈願　首塚大明神――地蔵が立つ場所には、歴史

的な意味がある
光福寺《こうふくじ》 207
護法童子――こんな召使いがいたら……
伏見稲荷《ふしみいなり》 210
競争社会では、稲荷信仰が頼りになる　神権の交代を物語る龍頭太伝説
「お稲荷さん」には「お狐さん」が欠かせない　今なお生き続ける「狐使い」

五章　宇治・大津　妖怪たちが跋扈《ばっこ》する京都文化圏の外縁 221

橋姫神社《はしひめじんじゃ》 223
橋姫伝説には、女の哀しみが込められている
平等院《びょうどういん》 226
阿弥陀像の前に座せば、極楽浄土が見える　宇治の宝蔵には、天皇家の光と
闇が詰め込まれている
蟬丸神社《せみまるじんじゃ》 231

天皇家と放浪芸能者とのつながり
瀬田唐橋《せたのからはし》 234
「近江八景」の地に、兵《つわもの》どもの夢の跡をたどる
比叡山《ひえいざん》 237
延暦寺の深い闇に生きる元三大師《がんさんだいし》 呪術師たちの揺籃《ようらん》の地・横川 日吉《ひよし》大社
――鉄鼠《てっそ》は現代のネズミ男か 比叡山には、今なお魔物が棲んでいる

［解説］
学問という縦軸、娯楽という横軸。 京極夏彦 251

写真／奥村清人《きよと》
本文フォーマット・デザイン／木村優子
構成・レイアウト／北村美遵《よしゆき》

一章

洛中

雅《みやび》の都に「闇」が潜む

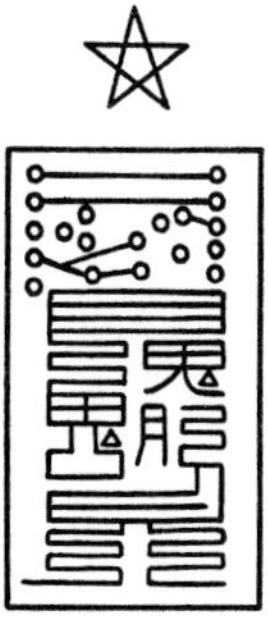

晴明神社護符

洛中

京都の中央部。下京・中京・上京の三区と南区・北区の一部を含む。

朱雀門跡《すざくもんあと》

◆◆絶世の美女は骨の寄せ集めだった

京都の中京区西ノ京小堀町、出世稲荷《しゅっせいなり》から少し南に下がった千本通東側の宗教施設前に「此附近平安京大内裏朱雀門址」という小さな石碑がひっそりと建っている。朱雀門《すざくもん》は、桓武《かんむ》天皇が平安宮の大内裏《だいだいり》を造営したときの宮城外郭十二門の一つで、大内裏の南門、すなわち、東西南北を四つの聖獣《せいじゅう》(青竜《せいりゅう》、白虎《びゃっこ》、朱雀《すざく》、玄武《げんぶ》)で表したときの、朱雀の方角に位置するところからこの名がある。そして、朱雀門から羅城門《らじょうもん》まで、幅が七十メートルもあった朱雀大路がまっすぐに通じていた。

この門は幅が四十七メートル、奥行きが十四メートルもある石壇《いしだん》上に建つ、丹塗《にぬ》りの柱に白壁という壮麗な楼門《ろうもん》で、弘法《こうぼう》大師の筆になる朱雀門と書かれた額が掲げられていた。また、たんに貴族や遠国からの来賓を出迎えるだけではなく、雨乞《あまご》いをしたり、禊《みそ》ぎ祓《はら》いをしたりする儀礼の場でもあった。おそらく、門の外は大内裏にとっての「異界」という門の境界性が、こうした儀礼を引き寄せたのであろう。

ところが、これほど壮大な門であったにもかかわらず、度重なる火災などによる大内裏の荒廃にともなって内裏が移動し、宮城正門としての価値も薄くなり、やがて盗賊や病人や狐狸《こり》のたぐいが楼上に棲《す》み着くほどに荒れ果ててしまったようである。そして、門の荒廃とともに、鬼や化け物が出没するという噂《うわさ》も立つようになった。

朱雀門の鬼の伝説はいろいろあるが、そのなかでも鎌倉時代末に作られた絵巻『長谷雄《はせお》草紙《そうし》』の話はとても不思議な話である。文章博士《もんじょうはかせ》で中納言紀《きの》長谷雄のもとに、異相の男（朱雀門の鬼）がやってきて双六《すごろく》の相手を所望し、朱雀門の楼上で勝負する。勝った長谷雄は約束によって絶世の美女を得た。

朱雀門跡。結界を失った今、何が鬼や化け物の侵入を防いでいるのだろうか。

じつは、この美女は、鬼が死んだ女の骨を、つまりたくさんの女の美しい部分を寄せ集めて作ったもので、百日経《た》つと霊が定まって完全な人間になるはずであった。しかし、長谷雄は、あまりの美しさに辛抱しきれず、鬼との誓いを破って抱いてしまったのだ。すると、美女は水となって流れ去ってしまったという。

復元された往時の平安京模型（提供・京都歴史資料館）。

◆◆稀代の名器は、鬼からの贈り物

朱雀門が大内裏の入り口にあたっていたためであろうか、この門に棲む鬼は風雅を心得

ており、琵琶《びわ》や笛などに秀《ひい》でていたという。

こんな伝承がある。「玄象《げんじよう》」は天皇が大切にする琵琶であった。この琵琶には精霊が宿っているらしく、内裏が火災にあったとき、勝手に自分から空中に飛び出して大庭の椋《むく》の木に掛かっていたという。『十訓抄《じつきんしよう》』には、その玄象が盗まれる話が載っている。盗まれた玄象を取り戻すために、朱雀門のもとで修法《しゆほう》（仏教呪術《じゆじゆつ》）をおこなったところ、楼上から紐《ひも》が降りてきた。見るとその紐には玄象が結びつけられていた。朱雀門に棲む鬼が玄象を盗み出したが、修法の効果があって返してくれたというわけである。

この話は、天皇の琵琶を鬼が盗む話だが、これとは逆に、朱雀門に棲む鬼が所有していた笛が天皇のもとに渡ることになったというのが、「葉二つ」という名の笛の話である。笛に赤葉と青葉が彫られていたので、この名がある。

笛の名手の源 博雅《みなもとのひろまさ》が、月夜の晩に、朱雀門の前で笛を吹いていたところ、同じく笛を吹く人があって、二人で合奏した。以後、ここで落ち合って合奏することになった。あるとき、博雅が相手の笛を借りて吹いてみると、素晴らしい音色のする笛だったので、交換してもらった。しかし、ほどなくして博雅が亡くなり、その笛もそのままになった。このことを知った天皇が所望し、笛吹きの名人としても知られていた浄蔵《じようぞう》に吹かせたところ見事な音色が出た。そこで天皇は、朱雀門の前でその笛を吹かせた。すると、楼上か

朱雀門の楼上は鬼と人間が交換（交感）する場でもあった（『長谷雄草紙』永青文庫蔵）。

ら声があって、博雅よりも上手だ、とほめた。このことから、この笛が朱雀門の鬼の笛であったことがわかったという。

この笛は、後に「宇治《うじ》の宝蔵」（平等院の経蔵《きょうぞう》。一二六ページ）に納められたという。玄象の方にはそうした伝承記録は確認されていないのだが、あってもけっして不思議ではないだろう。この朱雀門は、残念ながら、永祚《えいそ》元年（989）に倒壊し、地上から姿を消してしまうのであった。

由来　平安京造営とともに建立。後に大伴門・南門とも呼ばれた。図様は鳳凰で表現される。

あし　JR嵯峨野線　二条駅下車

鵺《ぬえ》大《だい》明《みょう》神《じん》社《しゃ》

◆◆人びとの想像力が、闇に蠢《うごめ》く怪鳥・鵺を生み出した

ＮＨＫ京都放送局の南、二条児童公園の北側の一角に「鵺《ぬえ》大明神社」という小さな社《やしろ》がある。祭神は「鵺」。『平家物語』などで語られている妖獣・怪鳥《けちょう》である。もともとはトラツグミという鳥のことであったらしいが、夜の闇《やみ》の中で鳴くその声が怪異・不吉とされて、妖怪変化のたぐいとみなされることになったとされている。

『平家物語』によると、源頼政《よりまさ》が呼び出された。近衛《このえ》天皇のとき、天皇が毎夜丑《うし》の刻になると怪しい声に苦しめられていた。源頼政が呼び出された。頼政が山鳥の尾を矧《は》いだ矢を手《た》ばさんで待機していると、やがて東三条の森の方から黒雲がやってくる。八幡大菩薩《はちまんだいぼさつ》と祈って射ると手応えがあり、怪しいモノが落ちてきた。それをすかさず従者が太刀で刺した。人びとが恐る恐る調べてみると、頭は猿、胴は狸、尾は蛇、手足は虎、鳴く声はトラツグミに似た異形の動物であった。頼政に退治された鵺の遺骸は、うつぼ舟（あの世への渡し舟）に入れられて川に流された。これは当時の悪霊祓《ばら》い儀礼のやり方の一つであった。

江戸時代の名所記・地誌類を見ても、この「鵺大明神社」のことは見えない。傍《かたわ》らに

建つ石碑によると、この公園には「鵺池」と呼ばれた池があり、昔から源頼政が鵺を退治したときにその矢じりを洗ったと伝えられていたのだという。しかし、このあたりは江戸時代には京都所司代《しょしだい》屋敷の敷地内だったので、名所記のたぐいが記載しなかったのだそうである。

能楽にこの伝説から素材をとった「鵺」という曲がある。そこでは、うつぼ舟が漂着し

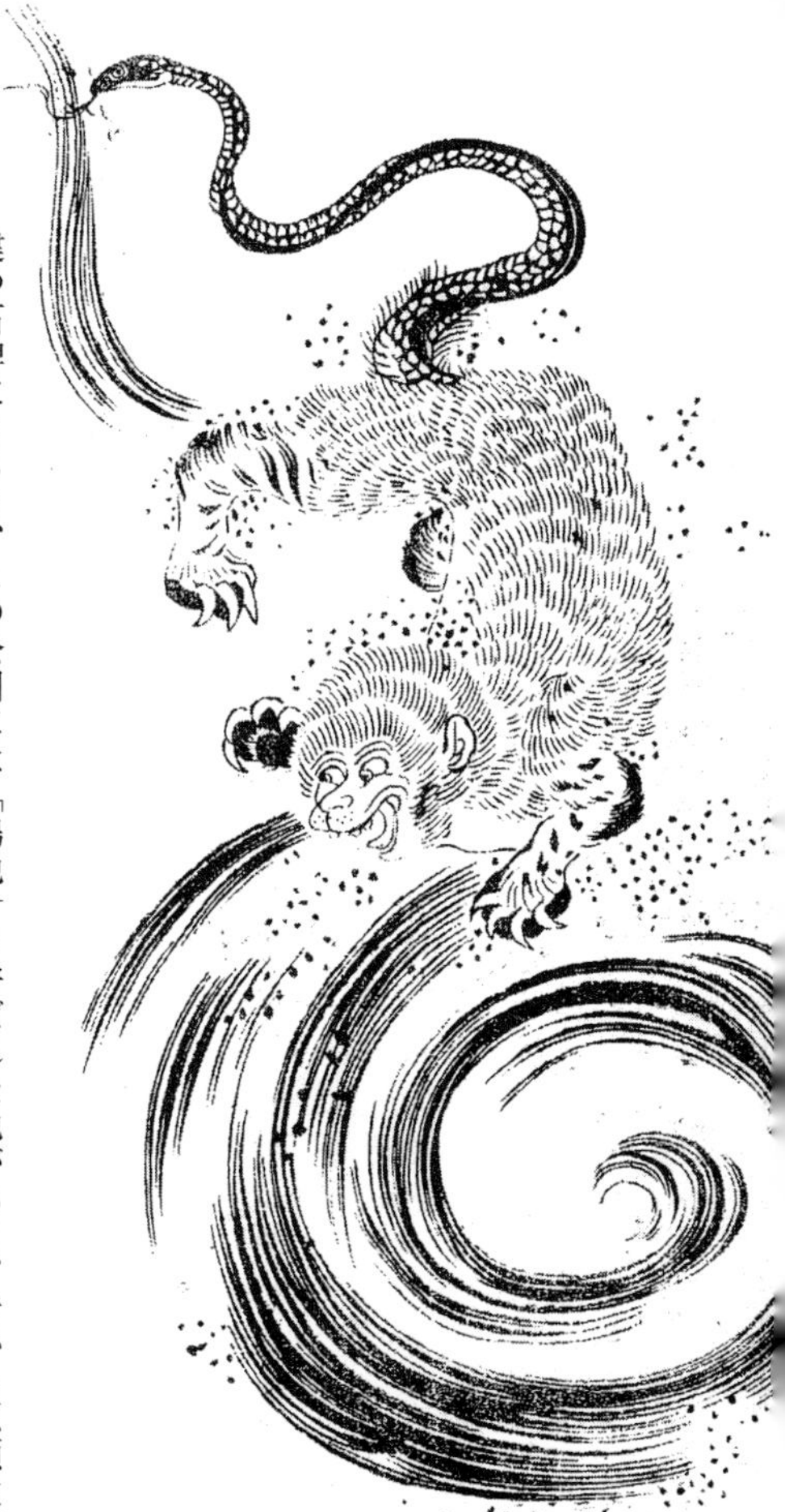

鵺は深山に棲める怪鳥とされた（鳥山石燕『画図百鬼夜行』）。

人知れずひっそりと建つ社。今でも鵺の鳴く夜は……。

た芦屋《あしや》の浜で、鵺は諸国を巡る僧に、退治された悲しみを切々と語っている。「……朽ちながら空舟《うつぼぶね》の、月日も見えず暗きより、暗き道にぞ入りける……」。闇に住む妖怪が、退治されることでさらに深い永遠の闇の中に沈んだのだ。

社の前にたたずみながら、ふと思う。この鵺の姿は何を象徴しているのだろうか、と。

由来　源頼政が鵺を退治したときに、矢じりを洗った「鵺池」が発祥といわれる。
祭神　鵺大明神　玉姫大明神　朝日大明神
あし　ＪＲ嵯峨野線　二条駅下車

神《しん》泉《せん》苑《えん》

◆◆天皇に取り入るための空海と守敏の死闘

「五位鷺《ごいさぎ》」という奇妙な名前の鳥がいる。不思議に思って、そのわけをあれこれ調べてみたことがある。なぜ「五位」の「鷺」がいて、「一位鷺」や「二位鷺」などがいないのだろうか、と。そして「神泉苑《しんせんえん》」に出会うことになった。

神泉苑は二条城の南、御池《おいけ》通の北に位置している。その主要な部分は放生池《ほうじょういけ》と呼ばれる池であって、その中島には「善女龍王《ぜんにょりゅうおう》」を祀《まつ》る堂が建っている。もともとは桓武天皇が中国の皇帝をまねて作った庭園で、豊かな涌《わ》き水を利用して作ったことから、「神泉」の名がついたらしい。規模も現在よりはるかに大きく、大内裏の南東、二条から三条に至る広さをもっていた。

神泉苑にはいろいろな伝承が伝えられている。もっともドラマティックな話は、『今昔物語』などにみえる、東寺《とうじ》の空海《くうかい》と西寺《さいじ》の守敏《じゆびん》との雨乞いの呪法《じゆほう》くらべであろう。

守敏が朝廷の命で、祈禱《きとう》によって洛中に雨を降らした。山野にも雨を降らしたいと、今度は空海が招かれて祈禱したが、一滴の雨も降らない。守敏が雨を支配する龍をことごと

空海と守敏が秘術の限りを尽くした神泉苑。

く瓶《びん》のなかに封じ込めてしまったからである。これを知った空海が天竺《てんじく》の善女龍王を勧《かん》請《じょう》（神仏の霊を別の場所に移すこと）して祈ったところ、豪雨となった。それ以後、この池には龍女が棲むようになったという。

さて、五位鷺の命名理由であるが、『源平盛衰記《げんぺいせいすいき》』によれば、醍醐《だいご》天皇がここで釣りをしていたとき、鷺がいるのを見て「あれを捕らえよ」と命じた。臣下の者が近づくと飛び去ろうとした。そこで「宣旨《せんじ》（天皇の言葉）であるぞ」と叫んだら、鷺は恐縮して身を地に伏したので、容易に捕らえることができた。これに感じ入った天皇は、この鷺に「五位」の位を授けた。以来、この種類の鷺は五位鷺と呼ぶようになったという。天皇の威光は鳥にまで及んでいたというわけだが、いささか作りすぎの感がしないでもない。

由来　平安京造営のとき、大内裏の東南に接して造られた苑池。
ご利益　歳徳神の託宣により、その年の恵方（幸運な方角）がわかる。
イベント　神泉苑祭（5月1〜4日）
あし　市バス　神泉苑前下車　JR嵯峨野線　二条駅下車

矢田寺《やたでら》

◆◆地獄の業火を見たければ、どうぞ

京都の繁華街の一角、寺町《てらまち》通三条を上がったところに、地蔵尊を祀る小さな浄土宗の寺がある。このあたりでは矢田《やた》地蔵の名で通っている。以前は奈良県大和郡山《やまとこおりやま》市にある矢田山金剛山寺の別院で、現在では金剛山矢田寺という。

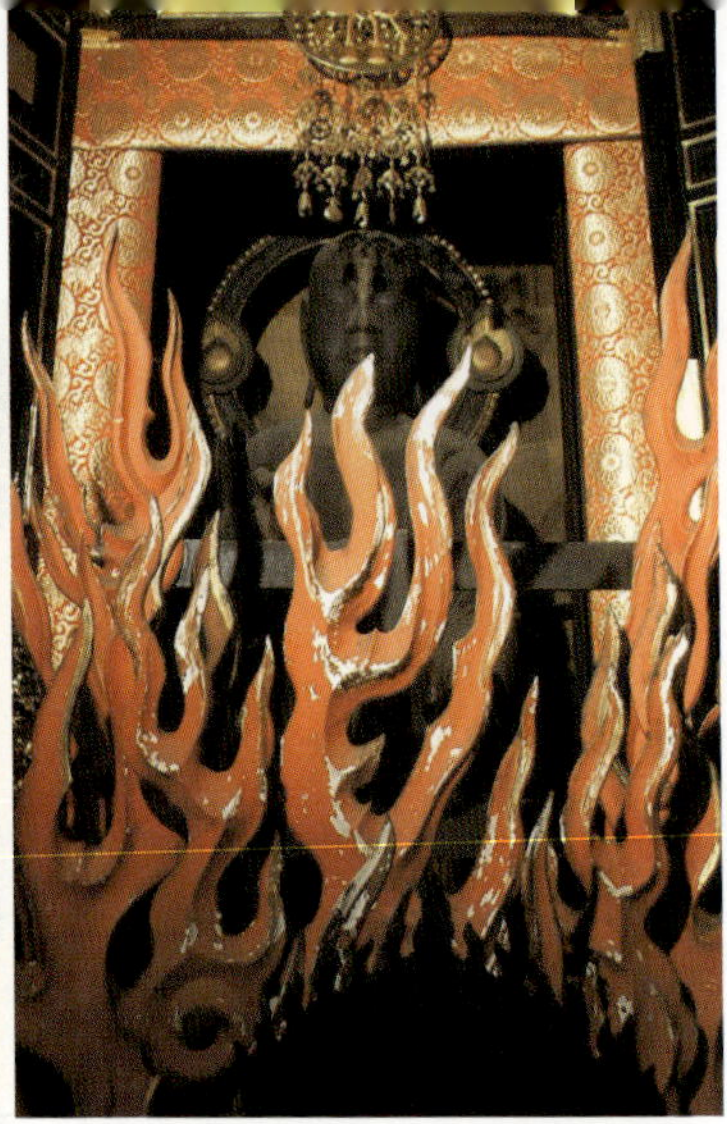

代受苦地蔵とも呼ばれる「地獄地蔵」。

本尊は地獄地蔵とも生身地蔵ともいって、火炎のなかに立っている。もともとは火炎を背負っていたが、取れてしまったので地蔵の前に置かれているのだそうである。しかし、前に置いたことで、むしろいっそう地獄の業火《ごうか》のなかで働く地蔵のありがたさが伝わってくるような気がする。

矢田寺はいつのころからか、清水坂《きよみずざか》下の珍皇寺《ちんのうじ》（一四三ページ）とセットであるか

のように語られていた。たとえば、珍皇寺の鐘がお盆の精霊を迎える「迎え鐘」であるのに対し、矢田寺の鐘は精霊を送る「送り鐘」といわれている。

こうした伝承が生まれてくることになったのも、両寺ともに昼は宮中に出仕し、夜は閻《えん》魔《ま》宮に赴いて閻魔王に仕えたという、小野篁《おののたかむら》ゆかりの寺だからである。寺に伝えられて

亡者を救う地蔵として信仰を集めている。

いる『矢田地蔵縁起絵巻』に、そのことが語られている。

その昔、地獄に通う小野篁は、三熱苦《さんねつのく》（逃れられない苦しみ）に悩む閻魔王を救うために、満慶《まんけい》上人を閻魔王宮に案内した。上人は閻魔王に菩薩戒を授けて苦しみを除いてやる。閻魔王はそのお礼に、上人を地獄見学させる。そのとき炎熱に焼かれつつ忙しく働く地蔵に出会う。感動した上人は、現世に戻ってきたとき、その地蔵の姿を刻んで寺に安置した。それが矢田地蔵であるという。

ところで、上人は閻魔王から土産《みやげ》として枡《ます》をもらった。そのなかには一食分の白米が入っていた。不思議なことに、食べても食べてもこの枡から白米が尽きることがなかった。米に困ることがなかったということで、上人は「満米《まんまい》上人」という異名をもらったという。庶民が抱いていた閻魔王の、もう一つのイメージを伝える話である。

由来　天武、持統両帝の勅願所。後に満米上人、小野篁が五条坊門付近に建立。
ご利益　縁結び　安産守護　子孫繁栄　万霊供養
本尊　地蔵菩薩（別名、生身地蔵・代受苦地蔵）
イベント　送り鐘（8月15・16日に、死者の霊を迷わず冥土へ送るためにつかれる）
あし　市バス　河原町三条下車、西へ徒歩2分

晴明神社《せいめいじんじゃ》

◆◆安倍晴明ブームは、この地に始まる

一条堀川の晴明神社《せいめい》といえば、京都の人びとにとっては、子どもが生まれたときに名前をつけてもらう神社として知られている。

ところが、この神社の参拝客が数年前から急増している。若い女性を中心に起こった爆発的な安倍晴明《あべのせいめい》ブームにより、晴明ゆかりの神社として全国に知れわたったからである。

安倍晴明は平安時代の宮廷陰陽師《おんみょうじ》である。陰陽師は、陰陽道つまり陰陽五行説にもとづいて天体を観測し、暦を使ったり、占いをしたり、祈禱《きとう》をしたりする宗教者の一種で、後世の人びとによって、この晴明が神格化され、神秘的な伝説が語り出されたのであった。

晴明に限らず陰陽師の基本的なイメージの一つは、その呪術によって人びとを死の縁から助け出してくるという救済者のイメージであろう。

この典型的な話の一つが、『泣不動縁起』にみえるものである。浄土宗西山《せいざん》派の祖である証空《しょうくう》は、三井《みい》寺の高僧智興《ちこう》の弟子であった。この智興が重病にかかったとき、病人祈禱に雇われた安倍晴明が、この病はどうしても治すことができない。だが、師匠の身代わ

五芒星《ごぼうせい》のもと、若い女性が祈る。時代を超え、安倍晴明は甦った。

狐と人間との間に生まれたという伝説が、晴明の神秘性をさらに高めた（『安倍晴明神像』晴明神社蔵）。

りになる弟子がいれば助かるかもしれない、と告げた。しかし、誰も名乗り出る者がなかった。そこで、若い証空が名乗り出た。証空は老母に別れを告げ、身代わりになるための祈禱に臨む。そしてひたすら持仏の不動明王に祈ると、天から私がお前に代わってやろう、という声がした。すると証空も智興も気分がよくなった。不動明王が証空の身代わりになってくれたのであった。晴明がおこなった病人祈禱は、陰陽道では「泰山府君祭《たいざんふくんさい》」という。病気は、昔は疫病神《やくびょうがみ》（鬼）によって引き起こされると考えられており、晴明はそうした疫病神を撃退するために「泰山府君祭」をしたのであった。晴明が、宇治の橋姫《はしひめ》（二二三ページ）として後に祀り上げられることになる鬼女を撃退したという物語も、京都に侵入してくる大江山の酒呑童子《しゅてんどうじ》を撃退したという物語も、こうした病人祈禱の、物語化したバリエーションなのである。

◆◆奇跡のもとは童子にあった

後世の伝承では、晴明の屋敷があったところに晴明神社が建立されたとされている。だが、平安時代の記録から推測される晴明神社は、土御門《つちみかど》大路北、西洞院《にしのとういん》大路東のあたりにあった。その根拠の一つが『大鏡』にみえる花山《かざん》天皇の退位の記事である。

花山天皇は即位してからわずか二年しか経っていないにもかかわらず、藤原兼家《かねいえ》・道兼《みちかね》父子の陰謀によって、東山《ひがしやま》の花山寺で出家させられてしまった。その夜、大内裏を出た花山天皇の一行は、土御門大路を東に進み、晴明の屋敷の前を通り過ぎた。屋敷のなかがなにやら騒がしい。天皇の耳に、手を打つ音とともに晴明の声が聞こえる。「帝《みかど》のご退位

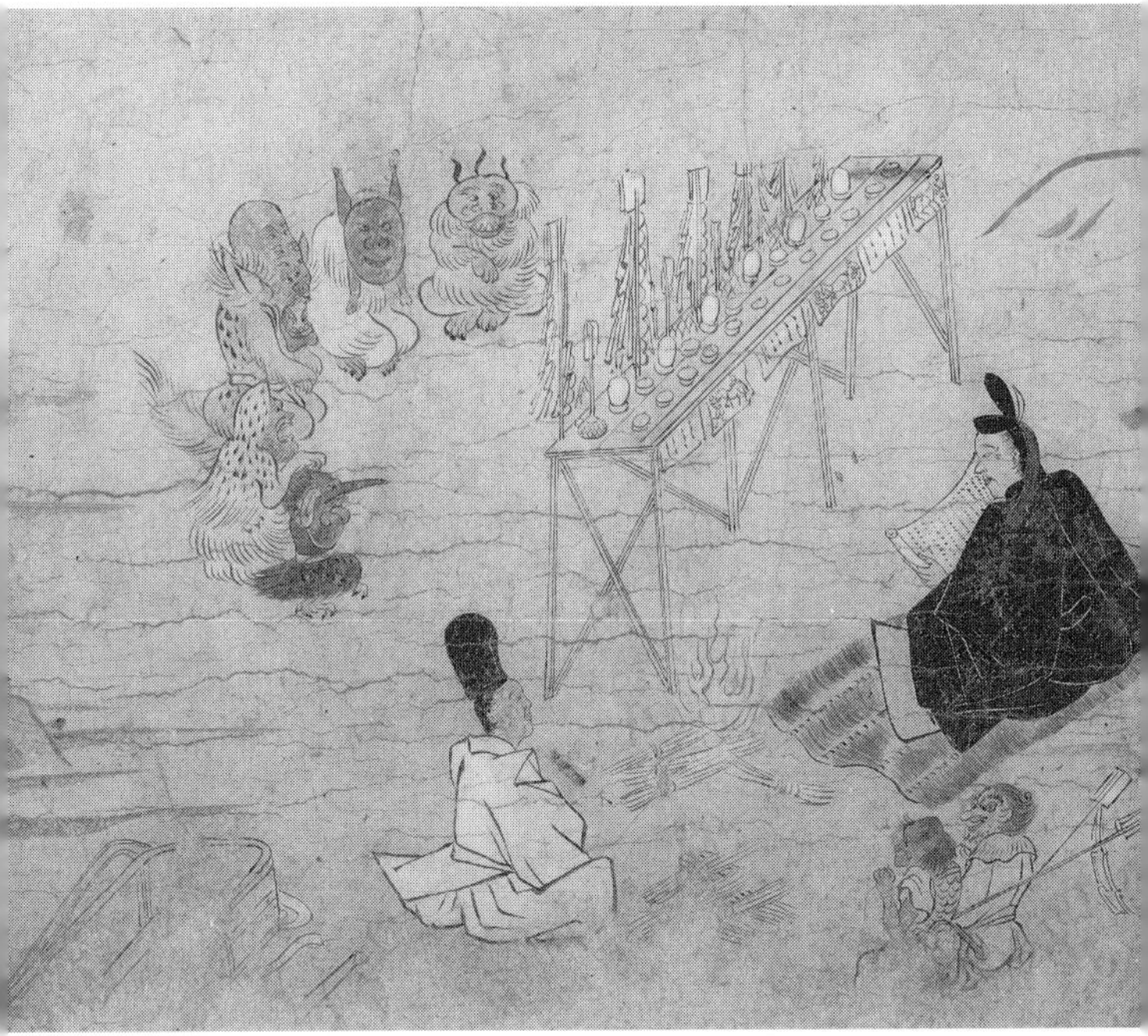

疫病神を調伏する呪法をおこなう晴明。後方に控える式神が、彼の呪術の源泉となった（『不動利益縁起』東京国立博物館蔵）。

の兆しがあらわれている。いや、もはやご退位されているかもしれない。式神《しきがみ》一人参内《さんだい》し、様子を見て参れ」。すると「目に見えぬ者」が戸を押し開けて、「ただいま、帝が門の前をお通りになりました」。

このエピソードは、花山天皇の譲位をいち早く察知した晴明の超能力を賞賛しているわけであるが、その陰で活動していたのが「目に見えぬ者」すなわち晴明に操られる「式神」である。『今昔物語』によれば、晴明の屋敷では人の姿が見えないのに、蔀《しとみ》が上下したり、門が開閉したりしたという。これももちろん式神の仕業であった。式神とは、陰陽師が操る童子系の小ぶりの鬼のたぐいのことである。

もっとも、式神は晴明だけが操ったわけではなく、呪力《じゅりょく》の優れ

晴明の紋所「五芒星」。そのイコンは、現代人の心をとらえて離さない。

た陰陽師ならば誰でも操ることができた。それは陰陽師の呪力の形象化したものであった。

こんなエピソードもある。晴明屋敷に、僧にして陰陽師でもある智徳《ちとく》という者が二人の童子を連れて来訪し、陰陽道の手ほどきをして欲しい、という。晴明は、呪術くらべに来

さまざまな祈念が交錯する社殿。
人びとは平安人に心の闇を託す。

たことを見抜き、所用があるので後日あらためて、と答えた。帰る途中で智徳は、自分が連れていた童子がいないのに気づき、あわてふためく。智徳の意中を見抜いた晴明が、彼の式神を呪力で隠してしまったのである。

◆◆式神が空を飛び、そして人が死ぬ

陰陽師は人の命を救う救済者であるとともに、黒い呪術師でもあった。というのは、彼らが操る式神を用いて、人を呪《のろ》い殺すこともできるとされていたからである。「呪殺《じゅさつ》」というとぎょっとするが、当時の病気観・呪術観からすればそれほど意外なことではない。疫病神を追い払うためには、疫病神より強力な「呪力」が必要であり、その呪力の形象化したものが「式神」であった。そして、こうした破壊的な力＝式神が人間に向けて行使されたとき（これを「式を打つ」という）、それはまさしく「呪詛《じゅそ》」であり、それによって命を奪ったとみなされたならば「呪殺」であった。実際、陰陽師たちは密《ひそ》かに人の依頼に応じて呪いも引き受けていたのである。

そのことを伝える説話の一つが、『宇治拾遺物語《うじしゅういものがたり》』にみえる、蔵人《くろうど》の少将にかけられた呪いを晴明が気づいて除く話である。

少将が烏《からす》に糞《ふん》をかけられるのを晴明が目撃する。この烏は式神が変じたもので、少将

は式に打たれたのであった。晴明はこのままでは少将の命が危ないと、少将の家で一晩中「呪詛返し」の祈禱をする。夜明けになったとき、使いの者がやってきて、少将の呪殺を引き受けた陰陽師が死んだ、ということを告げた。晴明の呪詛返しの祈禱が効いたのであった。なんと呪いの依頼者は少将の相婿《あいむこ》（少将の妻の姉妹の夫）であった。妻の両親が出世が早い少将ばかり大事にするのでこれを恨み妬《ねた》んだ末の呪詛であった。ところが、晴明が相婿の雇った陰陽師の式神を祈り返し、その陰陽師を自分の式神に襲わせたというわけである。

平安京の「闇《やみ》」――それはまた平安貴族の心の「闇」ということでもあるが――を舞台に活動した「目に見えぬ者」としての「式神」は、陰陽師が幻想した魔界京都の典型的な産物であるといっていいだろう。現代においても魔界京都を探索する人びとの目には、コンクリート製の戻橋の下の薄闇の向こうに、平安京の深い深い闇がきっと見えているにちがいない。

◆◆戻橋――橋はあの世とこの世を結び、そこに魔物が潜む

一条戻橋《いちじょうもどりばし》は、洛中洛外の魔界の中心ともいうべき橋である。かつてここは大内裏の鬼門（鬼が出入りするといわれる不吉な方角。丑寅《うしとら》＝北東）にあたり、またその北側は葬送

運命を左右する占いの場。あの世とこの世の境でもあった。

の地になっていた。このために、占いや死、妖怪変化《ようかいへんげ》にまつわる興味深い話がいろいろ語り伝えられていた。

　そのなかでも、安倍晴明と鬼に関する話はとくに有名である。たとえば『源平盛衰記』には、一条戻橋というところは、昔、安倍晴明が天文道（陰陽道）を極め、十二神将を式神として使っていたが、晴明の妻がこの式神の容貌《ようぼう》が醜いと恐れたために、橋の下に隠し置き、必要なときに呼び出して人に乗り移らせ、吉凶の占いをしたという。

　戻橋には、こんな占いの話もある。平清盛《たいらのきよもり》の夫人が建礼門院《けんれいもんいん》（高倉《たかくら》天皇の中宮《ちゅうぐう》で、父は清盛）の難産にあたって、この橋の東のたもとで、御子が無事生まれるかどうかの占いをした。すると十二人の子どもが手を叩《たた》きながら橋の西から現れ、「榻《しじ》は何榻、国王榻、八重《やえ》の潮路の波の寄せ榻」と歌いながら風のように去っていった。これを聞いた平時忠《ときただ》は、国王の榻（牛車《ぎっしゃ》の乗降用の踏み台）だから、きっと生まれるのは皇子であろう、と判じた。だが、生まれた皇子が天皇になり、最期は壇ノ浦《だんのうら》の波に消えるという運命を予言する下の句の意味をついに判じることができなかったという。この話を載せる『源平盛衰記』の作者は、興味深いことに、時代が違うにもかかわらず、この十二人の子どもは安倍晴明の式神であろう、と推測しているのである。

もっとも、かつては神秘的であったこの橋も、今では車や人が行き交うコンクリート製のまことにそっけない橋となり、下を流れる堀川もふだんは水も流れておらず、川底までコンクリートで固められてしまっている。

◆◆晴明が駆使した最強の再生呪術・反魂の法とは

中世後期になると、晴明伝説は変容を遂げることになる。晴明の呪術の源泉を式神に求める思想が弱まり、その源泉を狐《きつね》との婚姻や竜宮訪問によるものとする思想が台頭して

安倍晴明の母、葛葉姫（墨泉『葛之葉姫尊影』安倍王子神社蔵）。

くるからである。それを物語るのが歌舞伎や文楽などでおなじみの「葛《くず》の葉」の物語である。

阿倍野《あべの》に住む安倍保名《やすな》が、信太《しのだ》明神に参詣《さんけい》した折り、狐狩りで追われる狐をかくまった。その狐が恩返しのために美しい女に姿を変えて現れ、保名の妻となる。やがて男の子（後の晴明）をもうけるが、晴明が七歳のとき、菊の香にまどわされて正体を顕《あら》わしてしまう。母狐は、障子に「恋しくば尋ね来てみよ和泉《いずみ》なる信太の森のうらみ葛の葉」と書いて、泣く泣く去って行く。

晴明が信太の森に出かけると母狐が現れて、竜宮の秘符と鳥獣の声が人語に聞こえる玉を与えて去って行く。やがて唐の伯道《はくどう》上人からも陰陽道の秘巻『金烏玉兎《きんうぎょくと》集』を授かり、これらの力で幾多の呪術合戦の末にライバル蘆屋道満《あしやどうまん》を破って、天下一の陰陽師となる。

晴明神社に祀られる狐。晴明と狐とのかかわりがうかがえる。

興味深いことに、蘆屋道満との呪術合戦のエピソードの一つに、戻橋が登場する場面がある。保名が道満の陰謀によって一条戻橋で殺害されたとき、晴明が必死で蘇生《そせい》の呪術を試みる。鳥獣が食い散らかして五体ばらばらになった遺骸《いがい》をあるだけ集め、祭壇にすえて祈ると、犬や鳶《とび》などがくわえ去った腕や肉がしだいに寄り集まり、肉体も意識も元のように回復した、というのだ。これを陰陽道では「生活続命《しょうかつぞくめい》の法」という。命が戻ってくるという伝承をもつ橋に結びつけた、陰陽道の奇怪な再生呪術＝反魂《はんごん》の法の伝承を、ここに見出すことができるわけである。

ところで、晴明神社には、主祭神の晴明大神とほぼ同格の扱いで稲荷神が祀《まつ》られている。どのような経緯で祀られるようになったかは明らかではないが、右のような物語を知っていれば納得できるはずである。

由来　都の北東（鬼門）の位置にあった安倍晴明の屋敷跡に建立されたといわれる。ちなみに、晴明の墓所は嵯峨野の渡月橋そばにある。
ご利益　子どもの名前の吉凶占い　厄除け　魔除け
祭神　天文陰陽博士・安倍晴明
あし　市バス　一条戻り橋下車、北側へ徒歩3分

福《ふく》大《だい》明《みょう》神《じん》社《しゃ》

◆◆目的のためには手段を選ばない邪術・ダキニ天法とは

　晴明神社の南、上京区葭屋町《よしやまち》通一条下がったあたりを福大明神町という。神社名にちなんだ町名であるが、小さな町内を歩き回っても神社を探し出すことができない。それもそのはずで、福大明神は民家内に祀られていて、公開されていないからである。民家のご当主の話によると、江戸時代は通りに面して祀られていたが、神仏分離のときに、破壊を恐れて家のなかに隠し、そのままになったという。祭神は紀貫之《きのつらゆき》である。紀貫之と福大明神。ちょっと不釣り合いな感じがするが、これにはわけがあった。

隠された「秘仏」が、想像力をかき立てる。

　この社は中世にはダキニ天を祀っていた。ダキニ天は密教の神で、その神像は狐の背に乗る女神として描かれる。望みを叶《かな》えてくれるのに霊験あらたかという

狐に跨るダキニ天を中心に、さまざな神仏がとりまく。諸願成就の外法・邪術に用いられた（『荼吉尼天曼荼羅』大阪市立美術館蔵）。

ことで信仰を集めた神で、稲荷信仰と習合し、伏見《ふしみ》稲荷大社も明治になるまではこれを祀っていたという。もっとも、ダキニ天の法は願いを実現するためにはライバルの命を奪うなど手段を選ばない邪術・外法とされていた。

この社の縁起ともいうべき神秘的な話が、『古今著聞集《ここんちょもんじゅう》』に載っている。藤原忠実《ただざね》は、ある望みがあって修験僧《しゅげんそう》を招いてダキニ天の法をおこなわせた。満願の日、忠実が眠気を覚えてまどろんだとき、一人の女房が枕元《まくらもと》を通り過ぎた。あまりの美しさに、その長い髪をつかんで引き留めようとしたら、手に髪の毛を残して消え去った。夢から覚めると、髪と思ったのは狐の尾であった。このことを修験僧に伝えると、吉事のしるしという。はたせるかな、翌日、願いごとが叶ったという知らせが届いた。この狐の尾を祀ったのが、福大明神の社であった。

さて、祭神の変化であるが、この社は子孫の九条《くじょう》家に伝わり、その屋敷が紀貫之の屋敷跡であったこともあって、祭神に混乱が生じ、紀貫之に変わってしまったらしい。江戸時代、この社は福の神としてにぎわっていた。ということは、人びとにとっては祭神などよりも、霊験があるかどうかが一番の関心事だったのである。

由来　ダキニ天を信奉していた藤原忠実が、吉事のしるしに狐の尾を祀ったことにはじまる。その後、祭神は紀貫之に変わった。
祭神　紀貫之
あし　市バス　一条戻り橋下車

白《しら》峯《みね》神《じん》社《じゃ》

◆◆天皇家を呪い続けた怨霊・崇徳上皇

上京区今出川《いまでがわ》堀川に、白峯《しらみね》神宮という小さいながらも風格のある神社が鎮座している。祭神は崇徳《すとく》天皇（上皇）。意外に思われるかもしれないが、この神社は新しい神社で、幕末維新の動乱期に、この地に讃岐《さぬき》の白峯に祀られていた崇徳の霊を勧請《かんじょう》することによって創建され、神宮を号することが許されたのは、昭和十五（一九四〇）年、日本が第二次大戦に突入する直前のことである。

荒ぶる神・崇徳（歌川国芳『百人一首之内　崇徳院』神奈川県立歴史博物館蔵）。

白峯宮の創建と神宮号宣下《せんげ》は、一見したところ無関係のことのように見える。しかし、いずれも、国家（天皇家）存亡にかかわる戦争を目前に控え、天皇の側近の間から話が出てきた結果の処遇であった。

なぜ天皇家は崇徳上皇を思い浮か

日本近代に至るまで、最も恐ろしい怨霊であり続けた崇徳上皇。怒りは鎮まったのか？

べたのだろうか。それは、崇徳上皇が天皇家にとってもっとも恐ろしい怨霊《おんりょう》であったからなのである。天皇家はこの崇徳上皇からの呪いをかけられており、したがって、その呪いが成就《じょうじゅ》することを恐れ、その呪いを封じ込めるためにあるいは怨念《おんねん》を解消するために、神社を作ったり、神宮号を与えたりしたわけである。

崇徳は平安時代の終わり、退位した天皇が実権を握っていた院政期の天皇で、保元《ほうげん》の乱の首謀者であった。退位したものの、諸般の事情で権力を手にすることができず、鳥羽《とば》天皇の死後、自分をさしおいて権力を手に入れた後白河《ごしらかわ》天皇を除くために保元の乱を引き起こしたのであった。だが、あっけなく敗北し、崇徳は讃岐に流された。九年間の辛苦の配《はい》流《る》生活の末に亡くなるが、「日本の大魔縁（学問や修行を妨げる悪神）となって、天皇一族を倒し、それ以外の民を支配者に立てる」と、京都の王朝を呪い続けていたという。『源平盛衰記』には、その遺体が白峯山に運ばれるとき、一天にわかにかき曇って雷雨となり、その柩《ひつぎ》から血がほとばしり出た、と語られている。

天皇家はこの崇徳の怨霊を恐れ続け、右に述べたように、つい最近まで具体的なかたちをとって示されていたのである。

由来　幕末、後の明治天皇が、讃岐の白峯に祀られていた崇徳天皇の霊を勧請して創建。
ご利益　縁結び　厄除け
祭神　崇徳天皇　淳仁天皇
イベント　例大祭（4月14日・9月21日）
あし　市バス　堀川今出川下車

鞠精大明神《まりのせいだいみょうじん》

◆◆ここに日参すれば、Jリーガーになれる⁉

白峯神宮の境内に、鞠精大明神《まりのせい》（精大明神）を祀る小社がある。「鞠の精」とは鞠の神霊のことで、ここでいう「鞠」とは、もちろん平安時代の貴族たちのあいだで大いにもてはやされた蹴鞠《けまり》のことである。かつてこの地には蹴鞠の宗家《そうけ》である飛鳥井《あすかい》家の邸宅があった。その鎮守社であったものを、白峯神宮が地主神として引き継いだのである。

この「鞠の精」の示現《じげん》をめぐる話が、『古今著聞集』にみえる。後白河法皇に寵愛《ちょうあい》された侍従大納言藤原成通《なりみち》は多才な人であったが、とりわけ蹴鞠は神域に達していた。たとえば、空高く蹴ったら、鞠は雲の中に消えて落ちてこなかったとか、大きな盤の上に乗って蹴ったとき、沓《くつ》の音がしなかったとか、清水寺の舞台の欄干の上を、沓をはいて行ったり来たりしながら鞠を蹴ったという。

こんな話もある。あるとき、庭で蹴鞠をしていたときに、鞠が格子《こうし》と簾《すだれ》の間にはさまった。庭からその鞠に飛びついて、足に鞠を乗せると、板敷きを踏むことなく空中をとんぼ返りして、庭に戻ったというのだ。まさに蹴鞠のスーパーマンであった。彼が後に蹴鞠道で神格化されたのも、納得できるだろう。

時代を超え、技術には「神」が宿る。「鞠の精」にあやかるため、球技関係者の参詣が後を絶たない。

こうした超能力は、もちろん先天的なものでもなければ、一日や二日の練習で獲得したものでもなかった。厳しい修行の結果なのである。蹴鞠場に通うこと七千日、そのうちの二千日は一日も休むことなく、病気のときは床で、雨の日は大極殿《だいごくでん》で鞠を蹴ったという。

そして、成通の修行が千日目に達したとき、この鞠の精が姿を現したのであった。

その日、成通は三百回ほど鞠を蹴った後、その鞠を祭壇に置いて、仲間と祝杯をあげた。その夜のことである。鞠が祭壇から転がり落ちたので、不審に思って鞠に視線を向けると、そこに、顔は人、身は猿、年齢は二、三歳の子どもという、異形の者三人がどこから現れたのか控えていた。つまり、それが「鞠の精」であった。式神や護法童子を思わせるこの鞠の霊の加護があったからこそ、成通は数々の不思議をおこなえたわけである。

この社は、いまではサッカーなどの球技関係者の守護神として人気を集めている。

由来　蹴鞠道の宗家・飛鳥井家の守護神「精大明神」を祀るために建立。
ご利益　球技の上達　芸能・学問の向上
祭神　精大明神（別名、七夕の神）
イベント　精大明神祭（7月7日）と春季大祭（4月14日）には蹴鞠が奉納される。
あし　市バス　堀川今出川下車

北《きた》野《の》天《てん》満《まん》宮《ぐう》

◆◆学問の神は、もともと祟り神だった

京都は呪われた都市であった。そのなかでも菅原道真《すがわらのみちざね》の呪いは、長く人びとの記憶にとどめられてきた。

道真はその学才によって破格の出世を遂げるが、藤原時平《ときひら》の陰謀で太宰府《だざいふ》に流され、かの地で没した。ほどなくして、京や近隣の村々に洪水や疫病が流行するとともに、宮中でも時平や二人の皇子、そして醍醐天皇までが亡くなるという異常が続発し、それが道真の怨霊のしわざだ、ということになった。そこで、この怨霊の活動を停止させる目的で建立されたのが、天満宮であった。

こう書くとなるほどと思ってしまう。だが、いったいどこの誰が、洪水・疫病の流行と宮中の異変を、道真の怨念と結びつけたのだろうか。最初はひそひそとささやかれていた噂《うわさ》であったにちがいない。が、やがてその声が大きくなり、それを決定づける出来事が起こった。「託宣《たくせん》」(神のお告げ)である。

天慶《てんぎょう》五年(942)、京のはずれに住む多治比文子《たじひのあやこ》という巫女《みこ》に、道真の霊が乗り移っ

菅原道真の怨霊が巫女に託宣してつくらせた文子天満宮。

て、自分の霊を北野《きたの》の地に祀れ、という託宣を下したのだ。当初は巫女の自宅の近くに祀っていたが、やがて北野の地に移し、それが発展したのが、現在の天満宮であるという。同じころ、近江《おうみ》の太郎丸という子どもその他にも、同様の託宣があったと伝えられている。つまり、託宣に導かれて、貴族たちが天満宮を建立することになったのである。

ここで注意を喚起したいのは、今日ではとうてい信じがたいことだが、当時は、「託宣」によって怨霊の物語＝歴史が作り出されていたということである。つまり、怨霊が天満宮を作ったのだ。したがって、合理主義的な見方だけで歴史を読み解こうとすると、その肝心な部分を見落としてしまいがちである。

境内の北門近くに、文子の託宣を記念して「文子天満宮」という小祠《しょうし》が祀られている。しかし、ほとんどの参拝者は、そこに足を止めて天満宮が発生してくる現場に思いをはせることはない。

◆◆人が神に祀り上げられるきっかけは、どこにもある

「天神さま」といえば、菅原道真の霊を祀っていると思っている人がほとんどである。だが、スクナヒコナを祀る五条《ごじょう》天神（七四ページ）など、そうでない天神社もある。

では、道真の霊と天神の関係はどうなっているのだろうか。そもそも天神とはいかなる神なのだろうか。このあたりの事情を伝えているのが、北野天満宮（京都市上京区）境内に祀られている「地主神社」と「火之御子社《ひのみこ》」で、いずれも道真の霊を勧請する以前から、この地に鎮座していた神である。

興味深いことに、この地主神社は古くは「北野天神」と呼ばれていたという。ということは、道真が天神としてこの地に祀られる以前に、すでに先住の「天神」が鎮座していたことになる。

北野はかつて野原であった。したがって、この「天神」は北野のあちこちで祀られていた農耕の神としての天神であって、ひょっとすると、五条天神などと同じ神を祀っていたのかもしれない。

農民にとっての天神は、作物の豊凶を左右する水を支配する神、すなわち雷神や龍神と

雷となって内裏清涼殿を襲う道真の怨霊
(『北野天神縁起絵巻』大阪・菅生天満宮蔵)。

いった神であった。実際「火之御子社」はそのものずばりホノイカズチ、つまり雷を祭神にしている。おそらく、北山や西山《にしやま》、特に愛宕《あたご》山の方角で発生した雷雲が、このあたりの森にたびたび雷を落としていたので、天神や雷神の祠《ほこら》が作られたのだろう。

道真の怨霊騒ぎのとき、たまたま清涼殿《せいりようでん》に落雷があり、被害者まで出るという事件があった。それが道真の怨霊と雷を結びつけることになった。雷は貴族たちには恐怖の神以外の何物でもなかったのだ。

こうして、道真の怨霊は雷神＝

破壊的なパワーを持つ雷は、権力者にとって恐怖の象徴だった。

天神の仲間入りしたとみなされ、落雷の多発地であった北野に「天満大自在天神」という、天神のなかでも特別な天神として祀り上げられることになったのである。その結果、新来の強力な怨霊「天満大自在天神」が旧来の「北野天神」のお株を奪い取ってしまったというわけである。

由来　菅原道真の怨霊を鎮めるため、天徳三年（959）藤原師輔が造営。
ご利益　学問成就　受験合格
祭神　菅原道真
イベント　梅花祭（2月25日）例祭（8月4日）瑞饋《ずいき》祭（10月1～5日）縁日（毎月25日）
あし　市バス　北野天満宮前下車、北へ徒歩2分　京福電鉄北野線　北野白梅町駅下車

相国寺《しょうこくじ》

◆◆日本人が狐に託した愛憎半ばするイメージ

江戸時代は稲荷信仰が庶民の間に広く浸透した時代であった。京都でもあちこちに小さな稲荷が新たに勧請された。稲荷神は、神道でいう宇賀神《うかじん》、密教でいうダキニ天であって、その使いが狐とされていたのだが、この時代には、稲荷神といえば狐の霊を指すことのほうが多かったようである。

この種の稲荷社のほとんどは、出世や商売繁盛に御利益があることで人気を博した。だが、そのなかには、京都の妖怪《ようかい》らしく風流を心得た狐＝稲荷神もいた。現在は平安神宮の北側に祀られている「御辰《おたつ》稲荷」はその代表であった。

江戸時代の中ごろ、東山《ひがしやま》天皇の典侍であった新崇賢門院《しんすけんもんいん》の夢枕に、一匹の白狐が現れ、「御所の辰の方向にある森に、私を祀れ」と告げた。調べてみると、どうやらその森は聖護院《しょうごいん》の森のことであった。そこで小祠を建てて社名を「御辰」とした。この白狐は琴を愛《め》でたらしく、森のそばを通ると、琴の音色が聞こえたという。

この「御辰稲荷」と並び称されたのが、相国寺の境内に祀られている「宗旦《そうたん》稲荷」である。「宗旦稲荷」の呼称の由来は、千利休の孫で千家を再興した千宗旦に由来している。

相国寺の境内に、一匹の白狐が棲んでいた。つねに雲水に化けて僧堂で修行を積み、また門前の商家に出入りして神通力でもって商機を予言した。また、囲碁を好み、近所の人のところへ人間に化けて打ちに行ったり、しばしば寺での茶会で宗旦に化けて客の前で見事なお点前をやってのけた。見事な立ち居さばきでお茶をたてた宗旦が途中でふっとひっ

宗旦狐には、人を化かす一方、商売繁盛にご利益を与えた数々の逸話が残されている。

こむと、もう一人の宗旦が路地を歩いてくるということがしばしばあった。しまいには弟子たちにつかまってとっちめられたというが、愛嬌《あいきよう》のあるまことに風流な狐であった。

その最後についても諸説あるが、一説では、死期を悟った狐が別れの茶会を催した翌日、鉄砲で撃たれた死骸《しがい》が転がっていた。これを哀れんだ人たちの手で祀られたのが、宗旦稲荷だという。

【宗旦稲荷神社】

由来　雲水に化けて修行を積んだ愛嬌狐を哀れんで建立された（伝承）。

ご利益　商売繁盛

祭神　宗旦狐

あし　市バス　同志社前　地下鉄烏丸線　今出川下車、北東へ徒歩10分

【御辰稲荷神社】（左京区聖護院円頓美町）　142ページの地図参照

由来　宝永二年（1705）、新崇賢門院の霊夢により、東山天皇の勅許で創建。

ご利益　芸事上達　芸大受験生の合格祈願が多い。

祭神　ウカノミタマ　サルタヒコ　アメノウズメ

あし　市バス　熊野神社前下車、東へ徒歩3分

蜘蛛塚《くもづか》

◆◆源頼光が退治した巨大蜘蛛とは何だったのか

かつて二つの蜘蛛塚《くもづか》があった。一つは上京区七本松通一条の北側の畑のなかにあった「蜘蛛塚」（山伏塚）で、いま一つは北区の船岡山《ふなおか》の南西にあった「頼光塚《らいこう》」（蜘蛛塚）である。いずれも江戸後期、神社仏閣の風景をありのままに描いた『都《みやこ》名所図会』にみえているが、当時は前者の蜘蛛塚のほうが有名であった。

この塚は『平家物語』や『太平記』に付載されている源氏伝来の宝刀をめぐる伝説に対応するようなかたちで、後世に「発見」されたらしい。それは次のような話である。

頼光が熱病にかかった。一か月余りにも及んだある夜、灯火の陰から巨体の法師が姿を現して、手にした縄を頼光に投げかけた。頼光が源氏の宝刀で斬《き》りつけたところ、たしかに手応えがあり、見ると血痕が残されている。たどっていくと、北野天満宮の後ろの大きな塚に至った。その塚を崩すと、一メートルをはるかに超える巨大な山蜘蛛が姿を現したので、これが頼光を苦しめていたのだとわかり、ただちに退治した。

これによると「北野の後ろ」とあるので、どちらかといえば「頼光塚」のほうが相当し

そうである。
　ところで、頼光の蜘蛛退治には別の系統の話もあった。鎌倉後期作の『土蜘蛛《つちぐも》草紙絵巻』の話である。神楽岡《かぐらおか》（左京区）の廃屋《はいおく》で次々に現れる妖怪と対峙《たいじ》した頼光は、最後に現れた妖《あや》しい美女の妖怪の攻撃を受ける。刀を抜き放って斬り、その血痕をたどっていくと「西の山のはるか奥の洞窟《どうくつ》」に至った。そこに妖怪化した蜘蛛が棲んでいた。これを頼光たちが退治するわけである。

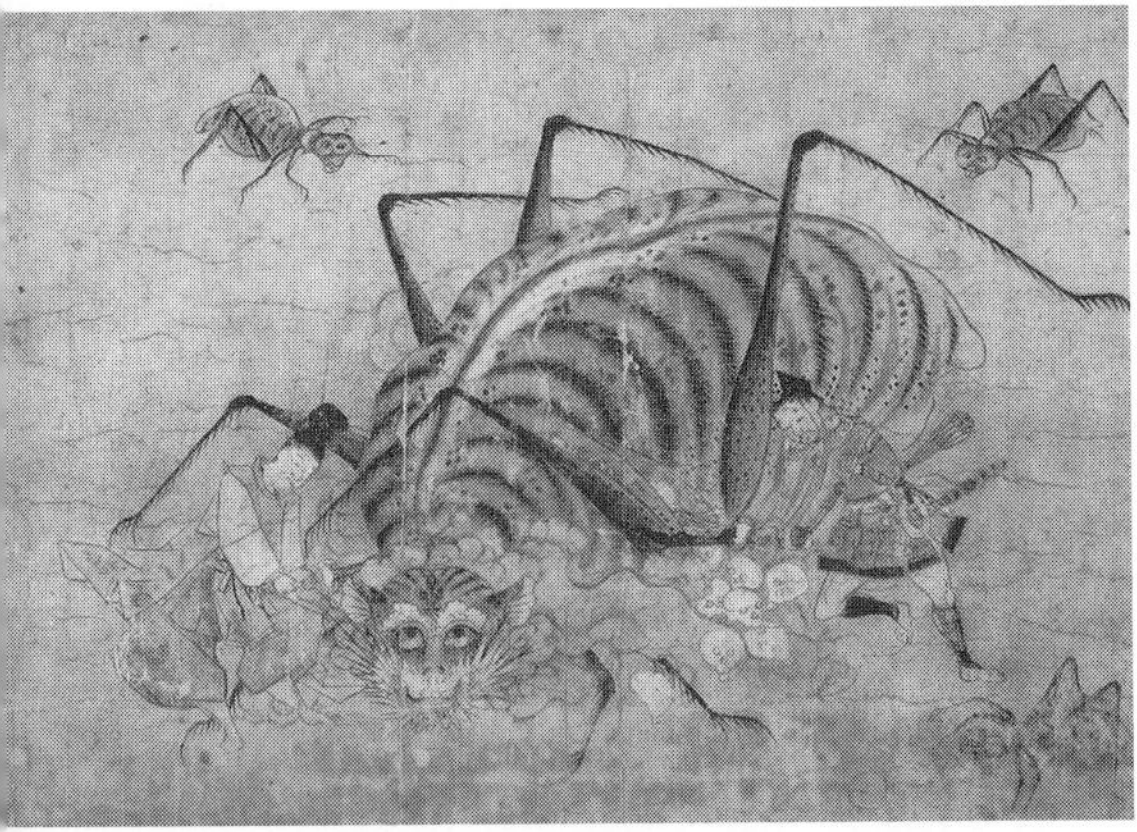

土蜘蛛とは、古代より王権にまつろわぬ者のもう一つの呼び名でもあった（『土蜘蛛草子』東京国立博物館蔵）。

明治時代に出土した、頼光伝説を伝える蜘蛛塚（上京区東向観音寺境内）。

この「西の山」は、東山に対する西山とみなすのが妥当《だとう》であるので、これによれば「北野の後ろ」あたりといった限定はできそうになく、したがって西山のどこかに「蜘蛛塚」があったのかもしれない。

「蜘蛛塚」も「頼光塚」も近代になって壊され、そのしるしがかろうじて、前者は近くの上品蓮台寺《じょうぼんれんだいじ》境内に、後者は北野天満宮西隣の東向《ひがしむき》観音寺境内に移されて残っている。

由来　源頼光が退治した巨大な山蜘蛛の生息地。

あし　市バス　北野天満宮前下車　京福電鉄北野線　北野白梅町駅下車

上《かみ》御《ご》霊《りょう》神《じん》社《じゃ》

◆◆「不安」だから「平安」と名づけられた

「御霊《ごりょう》」とは「怨霊」が「神」に祀り上げられて鎮《しず》まった状態をいう。京都の出雲路のなかほどに、この御霊を祀る神社が鎮座している。上御霊《かみごりょう》神社で、祭神の第一座は桓武天皇の弟・早良《さわら》親王である。いまでは境内の樹木にその面影をわずかに留めるだけであるが、かつてはこのあたりは「御霊の森」と呼ばれるほどのうっそうとした森に囲まれていたという。「御霊」にふさわしい場所であったわけである。

早良親王は皇太弟、つまり皇位継承者でもあった。その彼が、長岡京《ながおかきょう》造営の最高責任者であった藤原種継《たねつぐ》暗殺事件に連座したということで淡路《あわじ》へ流されることになった。しかし、彼は無実の罪を叫んで断食し、淡路移送の途中に絶命したという。早良親王の廃太子は、暗殺事件にことよせた、実子・安殿《あて》親王を皇太子にすえるための桓武の陰謀であった

らしい。

それから数年して、桓武の身辺にその怨霊の祟《たた》りが現れてくる。いいかえれば、そう解釈されるような災厄が次々に起こったのであった。もちろん、そう判断したのは陰陽師であった。

この地は、京都に荒廃をもたらした応仁の乱勃発の地でもあった。

京都の名所・旧跡を網羅した『都名所図会』に描かれた上御霊神社の御霊神事。盛大なイベントだったことがうかがえる。

怨霊におびえた桓武は、早良親王の鎮魂に腐心し、「崇道《すどう》天皇」の尊号の追贈、寺の建立、読経などをおこなった。そして、崇道天皇の冥福を祈り続けよ、という遺言を残して亡くなった。

社伝によれば、上御霊神社は、延暦《えんりゃく》十三年（794）、平安遷《せん》都《と》に先だって、桓武天皇がこの地に、政争に敗れた早良親王の霊を祀ったことに始まるという。『都名所図会』は、このことを意識してであろう、その第一巻の冒頭に、内裏《だいり》の図に続いて、上御霊社を紹介している。

「平安」という都は、その名称とは裏腹に、じつは「不安」のなかから始まったのであった。

おびただしい数の怨霊が発生し、それにおびえ、またそれとの戦いを繰り返してきた都市――それが京都であった。

由来　延暦十三年（794）桓武天皇が早良親王の霊を祀るために建立。
ご利益　疫病退散　厄除け　安産
祭神　早良親王ほか全八人の御霊（八所御霊）
イベント　還幸祭（5月18日）
あし　京都バス　烏丸中学校前下車　地下鉄烏丸線　鞍馬口駅下車、徒歩10分

五条《ごじょう》

◆◆陰陽師が生み出した牛若丸・弁慶伝承

五条橋といえば、牛若丸《うしわかまる》と弁慶《べんけい》が運命的な出会いをしたところである。だが、そのころの五条橋はもとの五条通つまり現在の松原通の延長上にあった。したがって、現在の松原橋がその後身にあたることになる。

中世の五条橋は、いまではその痕跡さえ見出すことができないが、東の橋と西の橋の二つに分かれていて、両橋を中継する中洲が鴨川《かもがわ》の真ん中にあった。しかも、この中洲には「法城寺《ほうじょうじ》」という小さな寺も建っていた。

通称「大黒堂」と呼ばれていたこの寺は、瀬田勝哉氏らの研究によると、当時の寺社組織の末端に位置する「声聞師《しょうもじ》」と称する宗教的職能者たちに支えられていたという。彼らはこの大黒堂のみならず、近隣の祇園《ぎおん》社や清水寺などの摂社・末社などにも奉仕していたが、大黒堂との関連でいえば、大黒舞などを門《かど》づけして回ったらしい。

興味深いのは、この法城寺境内に「安倍晴明の塚（墓）」と称するものが存在していたことである。伝説によれば、鴨川がたびたび氾濫《はんらん》するので、晴明が祈ったところ、水はたちまち乾《ひ》いた。これにちなんで寺を建立し、「水去りて土と成る」（氵＋去＝法、土＋成＝城）という寺名とし、また、晴明が亡くなったとき、この寺に葬り塔婆《とうば》を立てたという。

ここから浮かんでくるのは、戻橋と同様、この五条の中洲もまた、かつては晴明を祖と仰ぐ陰陽師たちの重要な信仰拠点であったということである。

牛若丸・弁慶伝承を生み出したのがこうした人びとであったらしいことを考えると、二人がこの橋の上で出会ったというのも、単なる偶然ではなかったのだ。

近世初期になると、鴨川の川筋が変化し、東の川筋が消えて中洲は東岸の一部になり、法城寺（現・心光寺）も宗派を変えて三条橋東詰に移転してしまう。

それでも、近世末期の『都名所図会』には、宮川町の東、松原通の北の、かつて晴明の塚があったというところに、「晴明の社」が建っていたことが記されている。

◆◆「一寸法師」が祀られる「天使の社」

『一寸法師』はお伽草子《とぎぞうし》のなかでも、もっとも人口に膾炙《かいしや》している話だが、同じお伽草子に、あまり知られていないが、『小男の草子』というこれと似た話がある。田舎から出てきて、清水寺の松葉拾いの仕事をしていた背丈の異様に小さな男が、清水に参詣《さんけい》に来た身分の高い家の女性を見初《みそ》め、当意即妙の歌によってついに結婚するというものである。その結末で、この小男は後に「五条の天神」として祀られる。

この五条天神社は、旧五条にあたる松原通と西洞院通の交差点をやや下がったところにある小さな社である。通称「天使の社」という。現在の主祭神はオオナムチとスクナヒコナ。古くはスクナヒコナを祀るとされていた。

スクナヒコナは、古代神話では、常世《とこよ》の国から天を飛ぶ船でこの世に往来して国造りをしたと語られている。姿かたちが異様に小さかったというから、『小男の草子』はこのスクナヒコナをふまえたものであったらしい。

平安以来の天使社は、幕末の蛤御門の変で焼失し、後に再建された。

五条天神社を天使社ともいうのは、天満宮以前の天神、すなわち雷神＝水神系の天神であったからである。雷神が小童（民俗学でいう「小さ子」）の形をしていると想像されていたことは、次のような伝説からもわかる。敏達《びだつ》天皇の時代、尾張《おわり》の農夫が雨宿りをしていたときに、子どもの姿をした雷神が落ちてきた。この雷神を助けたところ、農夫の妻が、頭に蛇の巻きついた大力の男の子を産んだというのだ。

いまでは周囲をビルや住宅に囲まれていて、もはやかつての面影を見出すことができない天神社であるが、中世のころは大きな森に囲まれた社であった。さらにさかのぼった平安遷都以前には、北山《きたやま》方面から流れ出した水が幾筋にも分かれて南下し、その一つが堀川であり西洞院川であったという。おそらく、このあたりは川が合流する場所であって、そのために洪水をもたらす雷神＝水神を祀ることになったのだろう。

◆良縁を求めたければ道祖神に

五条天神社のすぐ近く、松原通と新町通の交差点のそばに、平安遷都以前からという道祖神がひっそりと祀られている。

道祖神はサエノカミともいい、峠や辻に立てられた境界の神で、その神像は地方によって違いがあるが、男女の並立像や男女の抱擁像、あるいはもっと直截に男女の性器をかたどったものが多い。この理由はその縁結びの霊力＝豊饒力によって境界を越えて侵入して来る悪霊・邪気のたぐいを追い払おうとしたのだとされている。五条天神社の祭神も、古代神話に登場するサルタヒコとアメノウズメの夫婦神である。

『宇治拾遺物語』にこんな話が載っている。読経が上手であるが、大の女好きの道命《どうみよう》阿《あ》闍梨《じやり》が、和泉式部《いずみしきぶ》といい仲になり毎夜のごとく通っていた。ある夜、いつものように式部のもとで寝ていたところ、ふと目をさましたので、明け方近くまで読経をしてまた寝ようとした。すると、人の気配がする。お前は誰か、と尋ねると、五条の西洞院のあたりに住む翁《おきな》（道祖神）だという。翁は「日ごろは精進潔斎して読経されるので、わたしのような者は聴聞できないのですが、今夜は行水もせずに読経されたため、梵天・帝釈天が来ていないので、こうして聴聞することができました」と感謝の言葉を述べた。

この話は僧侶への戒めを説いているのだが、私が興味深く思うのは、神仏のなかでも、普段は身分の高い僧の読経を聞くことができないほど、道祖神の位が低いとみなされていることである。

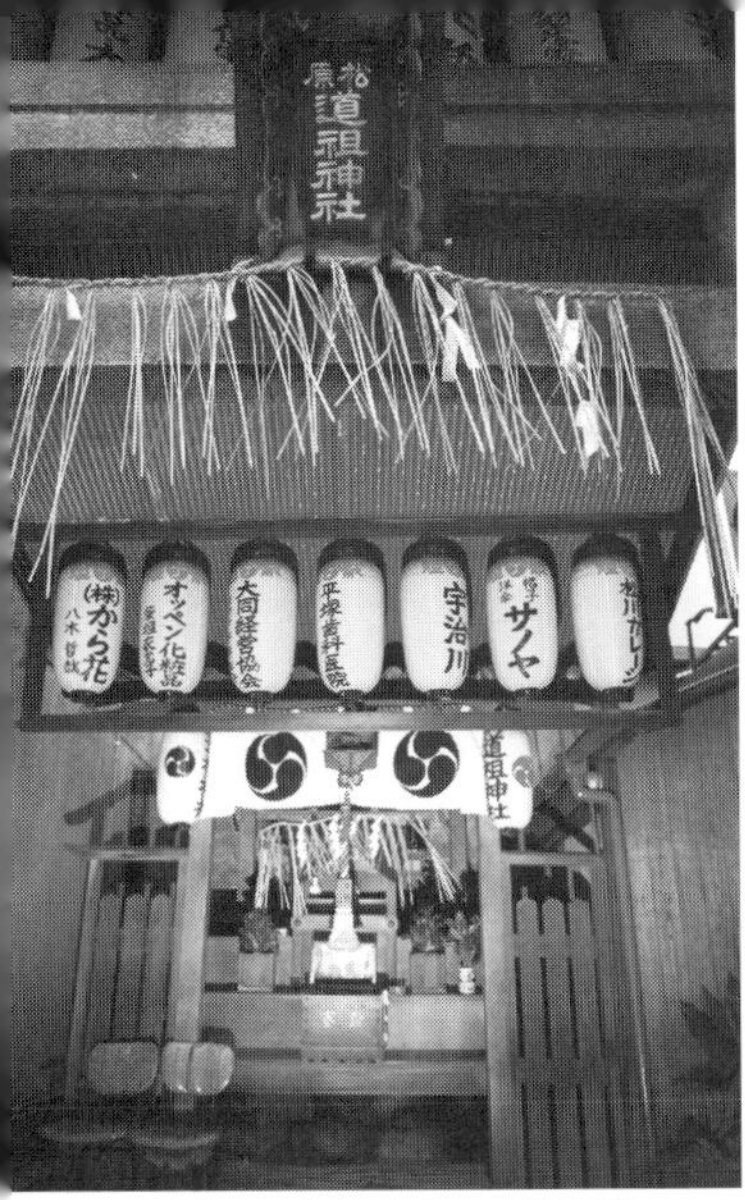

庶民の信仰を集めた松原道祖神社。五条は運命的な巡り合いが叶う場所でもある。

『今昔物語』には、場所は京都ではないが、馬に乗った疫病神たちの道案内に駆り出される年老いた翁姿の道祖神を、通りかかった修行僧が哀れに思って成仏させる話がある。
とすれば、五条の道祖神も、きっと洛中洛外を徘徊する百鬼夜行のたぐいのために、老体をひきずって道案内役をしていたのだろう。ひょっとしてその苦役から逃れるために、道命の読経を聴聞しにやって来たのかもしれない。

【五条天神社】
由来　桓武天皇が平安遷都にあたって、空海に開かせた。
ご利益　厄除け　学業成就　医薬の神さまとしても名高い。
祭神　オオナムチ　スクナヒコナ　アマテラス　菅原道真
イベント　例祭（5月10日）。節分の日には、日本最古といわれる宝船図が授与される。
あし　市バス　西洞院松原下車

【松原道祖神社】
由来　平安遷都以前からあったといわれているが、定かではない。
ご利益　縁結び　夫婦円満　旅の安全
祭神　サルタヒコ　アメノウズメ　一般には「塞《さえ》の神」と呼ばれる。
あし　市バス　西洞院松原下車

河《か》原《わらの》院《いん》跡《あと》

◆◆光源氏の夢の跡をたどる

『源氏物語』夕顔の巻は、若き日の光源氏《ひかるげんじ》が五条あたりに隠れ住む女（夕顔）と相愛の仲となるが、夏のある夜、「なにがしかの院」と述べられている廃院に誘ったところ、物怪《もののけ》に襲われて女は亡くなってしまう、という話である。この「なにがしかの院」とは、光源氏のモデルとみなされている左大臣源融《とおる》の旧邸宅をさしているといわれている。それは、東本願寺の渉成園《しょうせいえん》（枳殻《きこく》邸）から五条通より少し北あたりにかけてあったらしい。

邸内に、奥州塩釜の景色を模した庭園を造り、海水を運んで塩焼きの煙をたなびかせたという。融はこの邸宅を深く愛した。その執着の心がやがて融の魂をさまよわせることになった。彼が亡くなったあと、人の手を経て、宇多《うだ》上皇がここにお住まいになられたときがあった。もともと、このあたりは鴨川の河原だったので「河原院《かわらのいん》」と呼ばれることになったのだ。

『今昔物語』には、融の幽霊が宇多院の前に現れる話がみえる。ある夜中、融の霊が出てきて「院が移り住まわれたので住みにくくなって困っている」と苦情を述べたので、宇多

土地の記憶——諸行無常、生者必滅の理は変わるものではない。

院が「この邸宅はお前の子孫から譲り受けたもので、それを知らないで文句を申すな」と叱《しか》りつけたら、その後融の幽霊は出なくなったという。別の説話ではこの話はもっと気色悪くなっていて、融の幽霊は宇多院と同衾《どうきん》する夫人の肉体を求め、拒絶されると院の腰にうやうやしく抱きついたという。

融の幽霊の出没の噂のせいであろうか、ほどなくしてこの邸宅は住む者がなくなってしまったらしい。

『今昔物語』には、東国から来た夫婦が、荒れ果てた河原院を借りて宿にしたところ、その妻が鬼に殺される話が載っている。馬をつなぎに行ったすきに、妻が家のなかに何者かに引き込まれたあと、すべての戸が内から固く閉ざされる。必死に開けようとするが開かない。やむなく斧《おの》で叩《たた》き壊して家のなかに入ったところ、夫がそこに見出したのは、血を吸い尽くされて棹《さお》に引っかけられていた妻の死体であった。

由来　左大臣・源融の旧邸宅で、その死後、宇多上皇の住まいになった。
あし　地下鉄烏丸線　五条駅下車

羅《ら》城《じょう》門《もん》跡《あと》

◆◆日本人の心に残る「恐ろしい場所」

朱雀門から朱雀大路を下がっていくと、かつては平安京の正門には羅城門《らじょうもん》がそそり立っていた。現在の九条通千本東・矢取地蔵堂付近にあたる。

羅城門がいかに大きかったかを物語る話が伝わっている。桓武天皇が門を建てるときに、あまりに高いので大風で倒壊するのを心配し、柱を一尺切るように命じた。しかし、大工はそれでは威容さを欠くと考え、五寸だけ短くした。工事終了後、天皇がご覧になり、もう五寸ほど短くすればよかった、と申されたという。天皇の心配どおり、門は早くも弘仁《こうにん》七年（８１６）に大風で倒壊し、再建されることはなかった。

京都の人びとにとって、この門も朱雀門と同様、よほど印象が強かった門であったらしく、後世になってあれこれ語ら

羅城門に出没する鬼（鳥山石燕『画図百鬼夜行』）。

れることになるのだが、そのほとんどが「恐ろしい場所」としてであった。

羅城門は平安時代中期には荒廃し、死体の捨て場になっていたらしい。『今昔物語』に、実話とおぼしき恐ろしい話がみえる。摂津からやってきた盗賊《とうぞく》が、門の楼上からもれる怪しい火に気づき、登ってみると、老婆が若い女の遺骸《いがい》から長い髪を抜いていた。何をしているのだ、と尋ねると、カツラにするのだ、と答えた。盗賊は、老婆と遺骸の衣をはぎ取り、抜いた髪も奪って逃げた。芥川龍之介の『羅生門』のもとになった話である。

羅城門跡は、たんなる歴史のモニュメントではない。それは、今を生きる日本人にとっても「恐怖の原点」になるのかもしれない。

羅城門には、鬼が棲みついたという伝承もあった。たとえば、『お伽草子』「羅生門」の話は有名である。羅城門の鬼退治に出かけた渡辺綱《わたなべのつな》が、門に近づくと、にわかに生臭い風が吹き出し、一天にわかにかき曇り、黒雲がむくむくと立ち現れた。そしてそのなかから、目がらんらんと光る異形の者＝鬼が出現し、攻撃してきた。だが、綱は少しも騒がず、源氏の宝刀で鬼の腕を斬《き》り落とし、鬼は退散した。

羅城門が消滅してすでに千年以上が経過する。だが、羅城門はなお私たちの心の中に建っているのではなかろうか。

由来　桓武天皇が平安京を造営したときに建立。中国など外国使節を迎える儀礼にも用いられた。

あし　市バス　羅城門下車すぐ

二章 洛北

鬼と天狗が棲む異界・「暗魔《くらま》」

赤山禅院護符

洛北

修学院より北。主に鞍馬・大原に、八瀬までを含む。

貴《き》船《ふね》神《じん》社《じゃ》

◆◆そこは、洛中洛外屈指の魔界だった

貴船《きふね》神社は、叡山《えいざん》電鉄の貴船口から貴船川に沿って二キロほどさかのぼったところにある。この神社は、洛中洛外の数ある魔界のなかでも屈指の魔界であった。しかし、魔界であるということは、同時にそこが屈指の聖なる場所であったということも意味している。

貴船社は、賀茂《かも》川の水源地の一つにあたっていることもあって、平安時代の初期に朝廷が雨乞いをするところとして文献に登場してくる。祭神のタカオカミは「水の神」のことであって、この性格は一貫して今日まで変わっていない。

また、賀茂川上流域一帯を支配する「地主神《じしゅ》」、すなわち鎮守《ちんじゅ》の神＝土地の神としての性格ももっていた。このことは、藤原伊勢人《いせと》という者が鞍馬《くらま》寺を建立する経緯を語った伝承のなかで、「貴布禰《きぶね》明神」が伊勢人の夢に現れ、この地が霊験あらたかな聖地であると教えた、というエピソードからも知ることができる。

「地主」と呼ばれる神は、魔界・魔所を考えるときに、とくに注意を払わねばならない神である。というのは、北野天満宮の場合でも、清水寺の場合でもそうだが、それは朝廷の

権威を背景に進出してきた新しい神仏に支配地域を奪われた（あるいは譲り渡した）、先住の神だからである。祀り上げられることで、その「荒ぶる力」を封じ込まれた神、ようするに、慎重に扱わねば「祟《たた》り」をなすと思われていた神だったのだ。

貴船社の場合は複雑で、鞍馬寺の鎮守的な役割とともに、賀茂社の「奥社」のような役

鬼の国があるという伝説が、今なお息づいている。

洛中洛外の魔界中の魔界・貴船。訪れる人も少ない奥社のさらに奥には、

割も担わされるという歴史をもっていた。たとえば、中世のお伽草子『貴船の本地』などに、鬼国《きこく》の姫が人間の貴族の妻となり、死後に貴船の神として祀られたとか、貴船の神がこの地に来臨したとき、神に従ってきた鬼の子孫が貴船の社人であるとか、貴船の奥には鬼の国があるといった伝承が語られだす背景にも、じつはそうした「祟り神」としての地主神の信仰が隠されているのではなかろうか。

◆◆縁結びの神は縁切りの神

現在の貴船神社がもっとも力を入れているのは、男女の「縁結び」である。縁結びの霊験は多くの神社仏閣でも説いたが、貴船は早くも平安時代後期には水の神＝雨乞いの神としてだけでなく、縁結びの神として知られだしていた。考えてみると、『貴船の本地』も、人間世界の貴族と鬼国の姫との縁結びを描いた物語であった。

縁結びの神としての性格をよく伝えているのは、有名な和泉式部をめぐる逸話である。

若いころの式部はかなりのプレーガールだったようで、和泉守橘《たちばなの》道貞《みちさだ》というまじめな夫の妻として子供を産んだとき、その父

神であった。

男と女の情念がぶつかり、縁を結び縁を切る——それを司るのが貴船の

は誰だろうと噂されたり、美貌《びぼう》と好色で評判の冷泉《れいぜい》天皇の皇子と深い関係になって、夫から離縁され、親からも勘当されるという事件を引き起こしている。三十歳を過ぎたときの再婚相手が、五十歳過ぎの藤原保昌《やすまさ》であった。

伝承によれば、式部はこの保昌を深く愛していたが、やがて夫婦の危機が訪れる。保昌に女ができたのだ。思い悩んだ式部は貴船明神に参詣して、巫女《みこ》に夫婦和合を依頼した。巫女は祈りの一環として、式部に衣の前をまくって陰部をさらすように命じた。きっと自分の性器が魅力的であるので、それを慕って夫が戻ってくるようにする呪術的な行為だったのだろう。その様子を物陰で見ていた保昌は、感動して妻を連れ帰り、以後は深く愛したという。

美談にみえる話である。しかし、よくよく考えてみると、このような縁結びには、新しい女との保昌の「縁切り」が必然的に伴っていた。こうした三角関係のなかから、やがて「復讐《ふくしゅう》」＝「呪い」の念がわき上がってくることになる。

『貴船の本地』には、そのこともはっきり語られている。恋を祈る人だけでなく、復讐を願う人もまた、貴船の大明神を熱心に信仰せよ、必ずや願いを聞いてくれるだろう、と。

◆暗夜に浮かび上がる人間の怨念

神仏への祈願の中身が、縁切りや復讐になれば、それを叶《かな》えてくれる神は「呪詛神《じゅそ》」に変貌《へんぼう》する。数多《あまた》ある京都の神仏のなかでも、貴船の神は、早くからそうした「呪い」を引き受ける神として知られていた。

『栄華物語』には、貴船明神の呪詛のことがたびたび出てくる。たとえば、藤原頼通《よりみち》の病の原因を、頼道の北の方の乳母たちの呪いによると語る場面がある。この呪いは貴船明神に呪詛を祈願し、この依頼を貴船の神が引き受け、頼通に対して神秘的な攻撃（＝祟り）を加えたのであった。

呪詛神としての貴船明神を有名にしたのは、能楽やお伽草子の『鉄輪《かなわ》』である。ある女が、浮気な夫の心を引き留めようとしてかなわず、その恨みを晴らしたいとの一心で、夜も更《ふ》けてから、深泥池《みどろがいけ》（二一九ページ）、市原野《いちはらの》、鞍馬川を通って、貴船の宮に通っていた。やがて、明神の託宣があり、「鉄輪」（鉄の輪に三本の足をつけた五徳）に火を灯《とも》して頭にいただき、顔に朱を塗り、赤い服を着て、怒りの心をもてば願いが叶うと告げる。その教えにしたがって鬼になった女が、夫を襲って取り殺そうとする。だが、陰陽師の安倍晴明が、男に見立てた等身大の人形を使って祈禱《きとう》をしたところ、鬼はこの人形を男と思って責め立てる。そして、人形だと気づいたときにはすでに遅しで、晴明の呪術で追い払われてしまう。

鳥山石燕が『画図百鬼夜行』で描いた丑の刻参りの図。縁結びの裏側には縁切りが潜む。

この話のもとになった『平家物語』の「剣巻」にみえる宇治の橋姫伝説では、鬼の姿を真似《まね》よ、という託宣にしたがって、女は、長い髪を五つに分けて角の如《ごと》くにし、貌《かお》に朱をさし身には丹《に》を塗り、頭には鉄輪を載せてその足に松明《たいまつ》を結び、大和大路を走り抜け、

『鉄輪』の女が住んでいたと伝わる堺町通万寿寺北の鍛冶屋町。細い路地の奥に、今も井戸が残る。

宇治川に浸かって、鬼になったという。しかも『鉄輪』の女のほうは晴明に撃退されて本懐を遂げることができなかったのだが、こちらの女は、望みどおりに、憎む女や男その他の縁者をことごとく取り殺したというのである。

良くも悪しくも、貴船神社は古くから、人間の欲情に深くかかわった聖所＝魔界でもあったわけである。

由来　平安時代の初期から雨乞いの場所として文献に登場。

ご利益　縁結び・縁切り　航海安全

祭神　タカオカミ（水の神）

イベント　貴船祭（6月1日）水まつり（7月7日）

あし　叡山電鉄鞍馬線・京都バス　貴船口下車、徒歩30分

鞍馬《くらま》

◆◆竹伐り会は、大蛇退治の伝承に始まる

鞍馬は「暗魔《くらま》」である。そう思いたくなるほど、鞍馬の山には神秘的な雰囲気が漂っている。六月二〇日、この鞍馬寺で古式ゆかしい儀礼である「竹伐り会《きりえ》」がおこなわれる。法螺《ほら》貝を合図に本殿に上った山伏姿の鞍馬法師が、近江座と丹波座の二組に分かれ、太い青竹をどちらが早く伐り終えるかを競うもので、その勝敗でその年の農作物の豊凶を占う。またたく間に終わってしまうので、はるばる山を登ってきた観光客には物足りない気がするかもしれない。しかし、それが逆に、この儀式が人に見せるようなものではなく、地元の人びとの生活に密着した聖なる行事であったことを物語っている。

平安遷都まもないころのこと、藤原伊勢人という者が、夢のお告げにしたがって、馬に鞍を置いて歩かせたところ、北の山に入って止まった。あたりを見まわすと毘沙門天《びしやもんてん》像があった。そこで堂を作って祀ることにした。これが鞍馬寺の始まりであるという。これに付随する伝承として、鞍馬寺の別当（住職）の始まりを語る伝承が伝えられている。

東寺の峰延《ほうえん》という僧が、北山に紫雲がかかっているのに気づき出かけてみると、無住の

毘沙門天堂があった。日が暮れたので、そのそばでたき火を焚《た》いて夜を明かそうとした。ところが夜中に鬼が現れて襲ってきた。だが、毘沙門天の呪文《じゅもん》を念じたところ、腐った木が倒れて、この鬼を下敷きにしてしまった。その後、峰延がこの毘沙門天堂に住み着いて

鞍馬を代表する儀礼・竹伐り会。農作物の豊凶を占う儀礼の背後には、鬼や大蛇退治の伝説が隠されている。

お勤めをしていたときに、今度は、北の山から二匹の大蛇が出てきた。そこでまた毘沙門天の呪《じゅ》を唱えたところ、たちまち雄の大蛇は斬り殺された。この伝承にもとづいておこなわれてきたのが、「竹伐り会」である。

雌の大蛇はこの地には水を絶やさないと約束したので、これを本堂の北脇《わき》に社を作って祀ったという。これが「閼伽井《あかい》護法善神堂」である。鞍馬が京の人びとの心のなかで、どのような位置を占めていたかを語る話である。

◆いったん死に、再生する、竹伐り会のもう一つの顔

竹伐り会式はあっけなく終わってしまう。しかし、その起源伝承やそれに関係すると思われる他の儀礼や伝承と関連づけてみると、じつに興味深いものがある。

注目したいのは、鞍馬寺別当になった峰延のもとに現れた鬼の容貌《ようぼう》が女のようであったとされ、その後出現した大蛇は雌雄の二匹で、命を助けられた雌の大蛇は鞍馬寺にこんこんと湧《わ》く井戸（閼伽井《あかい》）を提供してくれた、という伝承である。いずれも「女性性」をもった「魔物」であることが気にかかる。

藤原伊勢人はこのあたりの山の鎮守であった「貴船の神」に導かれて山に入り、「降魔《ごうま》」（悪魔退治）の仏教系の神である「毘沙門天《びしゃもんてん》」を祀ったという。

そこで想像をたくましくさせると、この「貴船の神」と「鬼女」「大蛇」は同じ神の別の表現なのではないか。つまり、先住の神である貴船神＝山の神（水神）が新来の神＝毘沙門天に制圧されるのを象徴する儀礼でもあり、だからこそ、貴船は「鬼女」の伝承を担い続けたのではなかったか、と思われてくるのだ。

雌の大蛇を祀る閼伽井護法善神堂。鞍馬では、女性性をもった魔物が多く登場する。

それを示唆《しさ》するのが、次の儀礼である。『都名所図会』などに記されているように、竹伐り会の夜、「祈《いの》られぼう」という「憑坐《よりまし》」（神霊が憑《よ》りつくもの）を用いた秘儀がおこなわれていた。これは里の男（稚児《ちご》）を本堂にすえて、僧たちが祈り殺し祈り活《い》かす、つまり祈りによって擬死状態にし、水をかけて目を覚まさせるという変わった儀礼であった。これは一種の「神懸かり」（＝護法としての蛇憑《つ》け）状態を作り出す儀礼で、「人身御供《ひとみごくう》」つまり山の神＝貴船神に捧げる生贄《いけにえ》の名残を伝えるものだともされていた。

ということは、スサノオのヤマタノオロチ退治＝人身御供に出されるクシナダヒメ伝承と同じようなことが「竹伐り会」（大蛇退治）にもみられたということになる。この秘儀も近代に入っていつしかおこなわれなくなったという。

◆◆鞍馬の奥には天狗が棲んでいる

「魔界」を考えるときのキーワードの一つは、「本堂」「本社」と対《つい》になっている「奥の院」や「奥社」の存在である。そこに祀られている神仏は、「地主神」系とでもいうべき神格であることが多く、荒々しい性格をもった神格として表現される。鞍馬寺の本尊・毘沙門天と奥の院の魔王尊の関係も、そのような関係にある。

この魔王尊の姿かたちは、天狗《てんぐ》のそれである。天狗は仏法が広がるのを妨害する仏敵であって、「魔王尊」は天狗を祀りあげて封じ込めたものなのである。

「魔王尊」を祀る魔王殿は、鞍馬の本堂から歩いて三十分ほど鞍馬山の奥に入ったところにある。起伏の多い山道は、その距離以上に山奥に入った感覚にさせられる。ところが、意外なことに、ようやくたどり着いた魔王殿からさらにその左脇《わき》の急な坂道をいっきに下ると、目の前に「貴船神社」が建っている。すなわち、鞍馬の毘沙門天と魔王尊の関係は、鞍馬寺と貴船神社の関係にも等しいわけである。

鞍馬・魔王之碑。岩に刻まれた不思議な文字は何を意味しているのか。

こうしたイメージは、どうやら昔の人も抱いていたらしい。私たちはそのことを、たとえば『義経記』のなかの、牛若丸・義経《よしつね》が鞍馬の奥で武者修行をしたという伝承に見ることができる。

源氏の御曹司《おんぞうし》であることを知った牛若丸は、平家打倒の志を抱いた。鞍馬山の奥に、昔から貴船明神という霊験あらた

天狗の姿かたちから何か思い浮かべないだろうか。それはまさに修験道の行者そのものである。

かな神が祀られていたが、世も末になって、仏の威光も神の霊力も薄くなったからだろうか、いまはすっかり荒れ果てて、天狗の棲みかとなり、夕日が傾くと、妖怪変化が出没しておめき騒ぐほどであった。そんな貴船明神社に、夜中、牛若丸は一人で参詣《さんけい》し、平家打倒を祈願した。そして、近くの木草を、平家に見立てて、剣術の修行に励んだという。

ここには確かに、僧正が谷―天狗・妖怪の棲みか―貴船明神が一つのカテゴリーをなして描かれている。

◆◆天狗道の総本山・僧正が谷

鞍馬の僧正が谷は、現在の不動堂から魔王殿あたりの一帯を指している。ここが天狗の出没する魔所・魔界とみなされるようになったのは、中世の中ごろのことであった。おそ

魔王殿。祀られている魔王尊は、恐るべきパワーのために仏敵とされた天狗を封じ込めたもの。

らくここに奥の院の役割を担った不動明王を祀った不動堂があり、そこを拠点に修験者たちが修行を積んだことに由来するのだろう。

魔王殿のもとになったのは、近世の名所図会のたぐいに記されている「太郎坊社」である。その背後にある異形の石群は、牛若丸、後の源義経が、鞍馬天狗に兵法を学んだときの刀でできたものだと伝えられている。鞍馬の天狗は僧正坊の名で知られている。太郎坊は一般には愛宕山の天狗のことであるが、『太平記』には、僧正が谷で愛宕・高《たか》雄《お》の天狗たちが牛若丸に兵法を教えた、とあるので、これに従ったのかもしれない。

興味深いのは、元禄時代の『近畿歴覧

鞍馬寺不動堂。周辺の僧正が谷は、天狗の総本山として修験者たちの修行の場でもあった。

記』に、室町幕府の重臣であった細川政元《ほそかわまさもと》が修験《しゅげん》の法を熱心に信じたことに由来する小祠が草むらにあった、と記されていることである。政元は異常なまでに修験の呪術に凝り、女人を近づけず、飯綱《いずな》の法や愛宕の法を修め、そのために後継者が得られず、それが応仁の乱の遠因になったとされているほどである。きっとここで修行したのだろう。

飯綱の法は、信州の飯綱山《いいづな》の修験たちの間で言いだされたもので、イズナ（狐《きつね》の霊）を操って神秘をなすというものであった。信州から東北にかけて、その法術を修得したという修験・山伏が民間で活動していた。この飯綱修験道の本尊は「飯綱権現《いいづなごんげん》」と称し、鞍馬の魔王尊そっくりの天狗像である。愛宕の法も同様で、愛宕山（一七九ページ）の修験者たちの間で説かれたもので、ここもまた天狗信仰の拠点の一つであった。

近世以降、鞍馬山の天狗は日本各地の天狗道（修験の天狗・魔法信仰）の総元締めとして語られるが、彼ら天狗たちの総本山の一つが、この僧正が谷であったのだ。

◆◆僧正が谷の奥に息づく鬼の国伝説

僧正が谷にはさらにその「奥」が存在していた。すでに少し触れた『貴船の本地』にそのことが語られている。

この物語は鞍馬の毘沙門天の霊験譚《れいげんたん》である。三位中将定平《さだひら》は、扇に描かれた美女に恋をする。毘沙門天に祈願したところ、その女は鬼国の大王の姫で、折りしもその姫が鬼国からはるばる鞍馬に参詣に来ていた。定平は姫に従って鬼国に赴く。定平は鬼の大王に食われそうになるが、姫に助けられて都に戻ってくる。一方、姫はこのため大王に食われてしまうのだが、人間に生まれ変わって定平と再会し、幸せに暮らす。

興味深いのは、この物語のなかで、僧正が谷の岩間を丑寅北東の鬼門の方角に進んだところにある「岩屋」のなかを五十里ほど歩いたところが、この「鬼国」という国である、と語られていることであろう。この国の大王は、背丈が約五十メートル、顔が八つ、角は十六という恐ろしい姿かたちをしていて、八つの口からは雷鳴が天地に鳴り響くような声が発せられるという。また、鬼王の居所は天皇の内裏《だいり》とそっくりで、鉄、銅、銀、黄金の築地《ついじ》を次々にくぐり抜けたところにある、黄金造りの屋形であった。

これと似たモチーフをもつ話が、お伽草子『天狗の内裏』である。鞍馬で学問修行していた牛若丸は、毘沙門天の導きで、僧正が谷の山奥にあるという天狗の内裏に赴く。不動堂の鬼門の方角に進むと沢がある。それを登っていくと弥陀《みだ》の原というところに至る。そこに三本の道があるので、その真ん中の道を進んでいくと天狗の内裏に出るというのだ。

この国の様子も、住人が鬼から天狗に変わっただけで、鬼国とそっくりである。この天狗の内裏には、全国各地の山から天狗たちが結集していて、牛若丸はその天狗の首領の案内で阿弥陀浄土に赴き、大日如来《だいにちにょらい》に生まれ変わった父・義朝《よしとも》に再会することになる。

僧正が谷と貴船が表裏の関係にあるように、天狗の国と鬼の国も表裏の関係にあったわけである。

空間のねじれ――僧正が谷を歩くと、鞍馬が「暗魔」であることを実感できる。

◆◆義経さえ欲しがったアンチョコとは

叡山鉄道貴船口駅の近くに「鬼一法眼《きいちほうがん》の古跡」と刻まれた石碑が建っている。また、鞍馬寺の楼門を入り、坂を登っていくと、ほどなくして右手側に鬼一法眼を祀った社《やしろ》がある。

この鬼一法眼、いまではその名を知る人も少なくなってしまったが、かつてはけっこう有名であった。というのは、中世に人気のあった義経を題材とした文学や芸能に欠かせない人物の一人だったからである。

教科書の安直な学習書を「アンチョコ」とも「虎《とら》の巻」ともいう。じつはこの「虎の巻」という語は、この鬼一法眼が秘蔵していた中国伝来の兵法書『六韜《りくとう》』に由来している。『義経記』には、鬼一法眼は一条堀川のあたりに要塞《ようさい》のような邸宅を構える武装した陰陽師集団の頭目として描かれている。義経はその娘と深い仲になり、その援助をえて兵法の秘書を手に入れたという。一条堀川といえばあの安倍晴明の屋敷があったというところである。陰陽師は中世には、鬼と重なるような神秘的存在であるとともに、武装した祈禱師《きとうし》という側面をも併せもっていたらしい。僧正が谷の天狗の兵法の背後に、修験者の兵法が見え隠れするように、鬼一法眼の兵法の背後には陰陽師たちの兵法があったわけである。

時代が下るにつれて、この鬼一法眼秘書伝承は幻想・肥大化した。お伽草子『皆鶴《みなづる》』で

鞍馬寺にある鬼一法眼社。ここで修行をした師・鬼一法眼を通じて、義経に修験者や陰陽師の兵法が授けられた。

は、義経は法眼の所持する「兵法の巻四十二巻」のうち、「虎の巻」のみを残して焼き捨てた、とあり、お伽草子『天狗の内裏』では、義経は、大日如来に生まれ変わった父・義朝から、讃岐《さぬき》に住む法眼の所持する秘巻や、日本の丑寅《うしとら》の方角にあるという鬼ケ島の八面大王の「四十二巻の虎の巻」を手に入れて平家を討て、と教えられている。

　しかも、近世には実際に、こうした鬼一法眼や義経が所持したという呪術的な色彩の強い兵法書「虎の巻」を売り歩く鞍馬寺系の宗教者が活躍していた。鞍馬寺には、今でもその「虎の巻」がしっかり所蔵されているのである。

◆スケープゴートになった「小さき神々」

有名な鞍馬の火祭りは、鞍馬寺の鎮守にして鞍馬の麓《ふもと》のムラの鎮守でもある由岐《ゆき》神社（旧由岐明神社）の祭礼である。この由岐神社と五条の天神社とは、いわば兄弟のような関係にあった。いずれもオオナムチとスクナヒコナを祭神としていることからも、そのことは推測できるが、それ以上に興味深い役割が両社には課せられていた。

五条天神社はかつては祇園《ぎおん》社（現八坂《やさか》神社。一四六ページ）の末社であった。天皇が重病になったり、戦乱や天変地異のために世の中が騒がしくなったりしたとき、この五条天神が流罪にされた。『看聞《かんもん》日記』や『徒然草《つれづれぐさ》』などによると、そのような事態が生じると、勅使《ちよくし》が祇園社に赴いて、五条天神を流罪に処すと告げる。これを受けて、今でいえば警視庁にあたる検非違使《けびいし》庁の役人が五条天神社に派遣され、閉門・流罪のしるしである「靫《ゆき》」（矢を盛る道具）を社の門に架けた。ようするに、天皇の病気や天下騒乱の責任はお前にある、というわけである。しかも、『徒然草』によれば、靫を架けられる神社は五条天神社だけではなく、鞍馬の由岐神社もそうだったという。

それにしても、奇妙な話である。国家の安泰をたのむ大きな寺社がたくさんありながら、そうした大社・大寺がその責任を問われず、まことにちっぽけな五条天神や由岐神社が災厄発生の責任を問われているのだから。

弱者に責任を転嫁してケガレを祓い清める——日本的システムの源流は流された神々にあった（鞍馬由岐神社）。

この疑問を解く学説が近年提出された。それは、これらの神はスケープゴートつまり身代わりとなる神であったのではないか、というものである。つまり、天皇が病気になったり、天下が騒がしくなったのは、天皇自身の責任であり、またそれを守護する大社・大寺の責任なのであるが、その責任をこうした小さな神に転嫁《てんか》し、それを流すことで病や騒乱を祓い清めようとしたのだ。なるほど、そう考えると、これらの神社にかつてケガレを祓い清める陰陽師などが奉仕していたということも納得できるであろう。

【鞍馬寺】
由来　桓武天皇の勅命により、平安京の北方守護の寺として創建。
ご利益　開運　出世　勝負運
本尊　毘沙門天（奥の院は魔王尊）
イベント　竹伐り会式（6月20日）義経祭（9月15日）
あし　叡山電鉄鞍馬線　鞍馬駅下車

【由岐神社】
由来　もともと御所に祀られていた由岐大明神を、天慶三年（940）に鞍馬に遷宮。このときのかがり火の行列が、鞍馬の火祭りの起源となった。
ご利益　縁結び　子授け・安産　厄除け
祭神　オオナムチ　スクナヒコナ
イベント　鞍馬の火祭（10月22日）
あし　叡山電鉄鞍馬線・京都バス　鞍馬下車、鞍馬寺山門から徒歩7分

八瀬《やせ》

◆◆先祖が「鬼」であることを誇る人びと

出町柳《でまちやなぎ》から叡山電鉄でおよそ十五分で八瀬《やせ》遊園駅に着く。そこから八瀬川に沿って川上に十分ほど歩くと、「八瀬童子」の里、八瀬の集落に至る。伝説によれば、八瀬の地名は以前は「矢背」と書き、これは天武《てんむ》天皇が壬申《じんしん》の乱のさいに、ここで背に矢を射られたことに由来しているという。八瀬の集落がいつ成立したのかはわからない。だが、平安時代のいつのころからか、延暦《えんりやく》寺に隷属《れいぞく》する人びと、つまり「寄人《よりうど》」の集落となっていた。

興味深いのは、この集落の住民は昔から「鬼」の子孫であることを誇りにしてきたことである。ふつう「鬼」といえば邪悪な霊的存在をイメージするので、鬼というラベルを張られることは好ましいことではなかったはずである。にもかかわらず、自ら鬼の子孫を名乗り、それを誇りにしたというのだ。いったいどうしてなのだろうか。

もちろん、八瀬の人びとも、鬼という語が邪悪なものを意味する語であることを知っていた。そこで、角《つの》がない鬼、つまり好ましい鬼という意味で、「鬼」という字をあてるのだという。

「鬼」の子孫・八瀬童子が住む八瀬の里。彼らは悪霊払いの力者でもあった。

江戸時代中期に、当時の八瀬の村民が作成した『八瀬記』という文書が残っている。八瀬の歴史を考えるときに欠かせない記録である。そのなかに、八瀬の人びとがなぜ鬼の子孫なのかを物語る記録が載っている。それによると、天台宗の門跡たちを運ぶ輿《こし》を担ぐ者を「八瀬童子」といい、彼らは閻魔《えんま》王宮から帰るときに輿を担いだ鬼の子孫だと語られている。同様のことを物語る伝説は他の書物にもみえるので、八瀬童子は、閻魔王宮との間を往来する「輿かき」を役目とする閻魔王宮の配下の鬼の子孫であったのだ。

もっとも、これは伝承上のことで、実際は、彼らの先祖は、延暦寺の座主《ざす》や高僧たち、後には天皇や貴族などの乗る輿かき役を務める「力者」であった。

◆◆高僧のガードマン・護法童子

八瀬の住民は「童子」と呼ばれていた。この「童子」は、ふつう私たちが理解する、幼い子どもという意味ではない。老人であろうと若者であろうと、そう呼ばれたのであった。

「童子」という呼称については、「護法《ごほう》童子」の子孫だから、という説明がなされていた。護法童子とは、高僧に付き従っていたという童形の神格で、鬼神のたぐいとみなされていた。安倍晴明などの陰陽師が操ったとされる「式神《しきがみ》」に相当し、僧が日ごろから信仰する毘沙門天や不動明王などから派遣されたという。役行者《えんのぎょうじゃ》は前鬼・後鬼という護法童子を、かの浄蔵法師もまた護法童子を従えていた。

不動明王の場合は、向かって左の脇侍《わきじ》の「せいたか童子」と右の脇侍の「こんがら童子」がこれにあたり、魔物に襲われたときに、不動明王を念じ、不動明王の呪文を唱えれば、この二童子が現れて魔物を追い払ってくれる、と考えられていた。

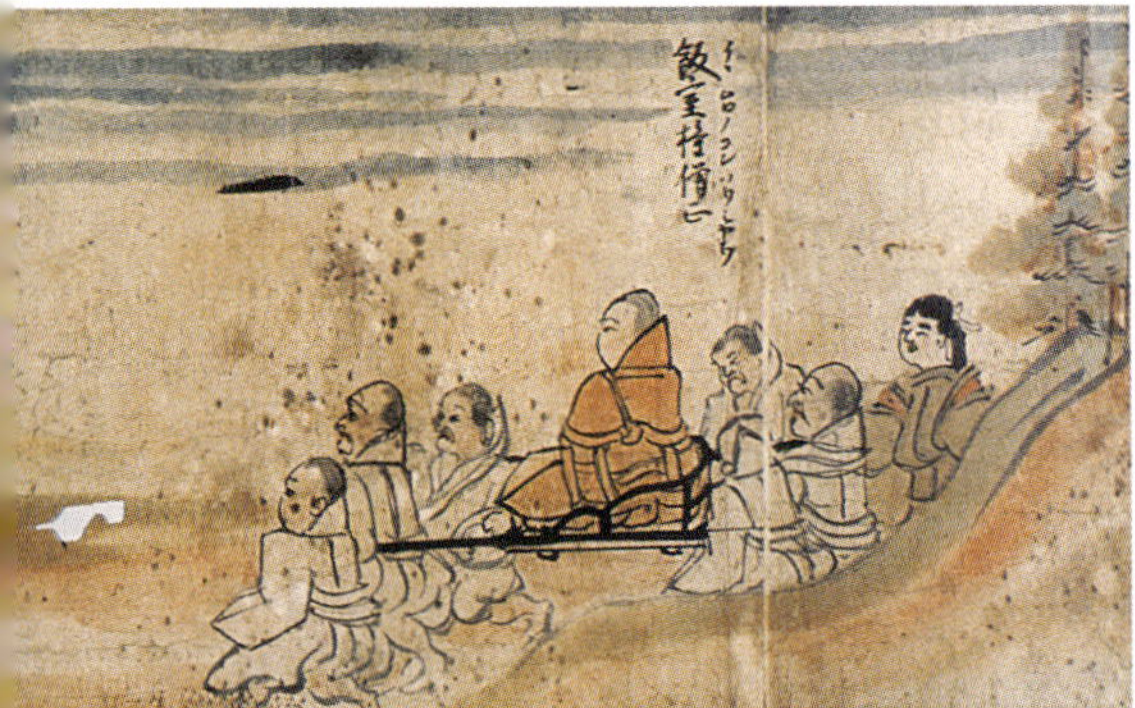

「せいたか」と「こんがら」の二人の童子に、杖で打ちすえられて逃げる是害坊天狗（『是害房絵詞』蔓珠院蔵）。

童子の力の源泉・不動明王
(京都市左京区八瀬・妙伝寺)。

そして、八瀬童子は、このこんがら・せいたかの二童子の子孫だとされていたのであった。

中世の説話に、中国から渡ってきた是《ぜ》害《がい》坊《ぼう》という天狗が、愛宕山の天狗の協力を得て、延暦寺の高僧に攻撃をしかけるが、高僧の験力で撃退されてしまうという話がある。その状況は、山を下りる途中で、輿に乗った高僧が魔物の気配を感じて呪文を唱えたところ、「火輪」や「護法童子」が出現して、魔物=是害坊天狗を追い払う、という

ふうに描かれている。護法童子とは、魔物に負けない高僧の験力を形象化したものであったのだ。

八瀬童子とは、神話的にいえば、この説話に描かれている、高僧の身辺を警護していた護法童子であり、実際に即していえば、高僧の輿を担いだりその身辺にあって悪霊払いをしていた「力者」（＝童子）の子孫でもあったわけである。

◆◆八瀬に伝わる酒呑童子伝説

八瀬の集落の西側、八瀬大橋のバス停付近から、落ち葉に埋まった山道を二十分ほど登った瓢簞崩山《ひょうたんくずれやま》の急斜面に、「鬼洞《おにがほら》」と呼ばれる洞窟《どうくつ》がある。大正の初めごろまで、この洞窟の前で、毎年、七月十五日に先祖供養がおこなわれていた。

伝承によれば、先祖の鬼同丸《きどうまる》が延暦寺に仕えていたが、悪事を働いたために追放され、ここに住んでいたという。鬼同丸については、『古今著聞集』にみえる壮絶な死の話が有名である。後の大江山の酒呑《しゅてん》童子伝説の原型ともみなされている話である。

源頼光に怨《うら》みを抱く鬼同丸が、仕返しをするため、死んだ牛のなかに隠れて待ち伏せしていた。だが、見破られて頼光の家来に矢を射立てられる。にもかかわらず、鬼同丸は刀を振り上げて頼光に憤然と斬りかかった。頼光は少しも騒がず鬼同丸の首を切り落とした。

ところが、鬼同丸は首を落とされてもなお馬前を立ち去らず、その首は馬のむながい（馬具）に食らいついていたという。

興味深いのは、この洞窟は「酒呑童子洞」ともいい、酒呑童子が、大江山に移り住むま

酒呑童子が隠れたといわれる洞窟。

でここに隠れていたとも伝えられていることである。「大きなる童《わらわ》」と表現された鬼同丸や、鬼の代表格である酒呑童子を先祖として祀っていたということは、彼らが八瀬童子の出身者あるいは仲間として意識されていたことを物語っている。

そういえば、お伽草子の『酒呑童子』には、山伏姿に身をやつして大江山にやってきた頼光一行を歓迎した折りに、酒呑童子が、先祖代々住んでいた土地を、都からやってきた伝教《でんぎょう》大師らに奪われた怨みを切々と語る場面がある。そこには、この地域の先住民であった八瀬の人びとが、大きな政治的・宗教的勢力に従属させられていった歴史をかいま見ることもできるはずである。

由来　天台座主が閻魔王宮から帰るときに輿を担いだ鬼の子孫だといわれる人びとの里。
イベント　赦免地踊り（10月10日）
あし　叡山電鉄　八瀬遊園駅下車

摂《せっ》取《しゅ》院《いん》

◆◆大原――恋に破れた女が龍蛇と化す

三千院《さんぜんいん》や寂光院《じゃっこういん》がある大原は、惟喬《これたか》親王（一二五ページ）や鴨長明が落飾《らくしょく》・隠棲《いんせい》した地としても知られている。ところが、「魔界」とか「異界」というキーワードをたずさえて大原を歩いていると、別の特徴が浮かび上がってくる。「祟《たた》る蛇」伝承である。

蛇といえば、山の神にして水神といった性格が想起される。さらにまた、そうした信仰を本質とする貴船神社にまつわる話として派生した、能『鉄輪《かなわ》』も思い浮かんでくるはずである。大原に伝わる龍蛇伝説も、こうした怨霊《おんりょう》系の伝承である。

大原の龍蛇伝承として昔から知られていたのは、龍女山摂取院《せっしゅいん》、俗称「蛇《くちなわ》の道心の寺」であろう。この寺は浄住という僧が建てたものである。

この僧が在俗のとき、自分の妹と不倫していたことを知った妻が怨《うら》み悲しんで悶死《もんし》し、その霊が蛇となって出現し、浄往《じょうおう》の首に巻き付いて離れなくなった。出家し、妻の怨念に回向《えこう》し続けたところ、晩年になってやっと去ったという。

また、寂光院への入り口の近くに「おつうが森」（大津の森）というこんもりとした森

「祟る蛇」伝承。大蛇となった娘を祀る「おつうが森」。

がある。
この森には、次のような伝説が地元で語り伝えられてきた。昔、大原に、おつうという娘がいた。若狭の領主の行列が京都にでかけるさいに大原を通った。領主はたまたま見かけたおつうを見初めて領国に連れ帰り、彼女を寵愛《ちようあい》した。だが、やがて心が離れ、里帰りさせた。おつうはこれを悲しみ恨んで、大原川（高野川）に身を投げて大蛇となった。そして領主の行列を待ち伏せして襲いかかったが、家来に真っ二つに斬り裂かれてしまった。この大蛇が祟りをなしたので、村人が大蛇の頭をこ

の地に、しっぽを花尻の森に埋めて祀り鎮めたという。この森の中の小祠には「龍王大明神」が祀られている。

このおつう伝承も、『鉄輪』のように、高野川とその支流の草生川の氾濫《はんらん》を象徴・神話化した水神伝承と怨霊・妬婦譚《とふたん》が結合したものと思われる。

由来　不貞を恨んで死んだ妻の霊が蛇となり、その霊を慰めるために夫が出家し創建した。この故事から「浮気封じの寺」としても知られる。

ご利益　浮気封じ

本尊　阿弥陀如来

あし　京都バス大原方面行きで大長瀬町下車、東へ徒歩3分

岩屋山《いわやさん》

◆◆空海が修行した歌舞伎『鳴神』の舞台

歌舞伎に『鳴神《なるかみ》』という作品がある。天皇の命を受けた鳴神上人《しょうにん》は、北山の奥の不動明王に祈って皇子誕生の祈禱《きとう》をおこなった。その甲斐《かい》あって皇子が生まれるが、天皇は上人が望んだ戒壇《かいだん》設置の許可を与えなかった。これに怒った上人は、世界中の龍神を洞窟《どうくつ》に閉じこめてしまったために、都には一滴の雨も降らなくなってしまった。困った天皇は、一計を案じ、美しい姫を上人のもとに送り、上人の心を惑わせて、龍神を閉じこめた結界の注連縄《しめなわ》を解かせる。

この作品は能楽の「一角仙人」に基づくという。だが、そればかりでなく、戒壇設置の約束を反古《ほご》にされて白河天皇や延暦寺を呪《のろ》った頼豪《らいごう》の伝説や、神泉苑を舞台にした、龍神を隠した守敏とそれに

岩屋山は、今でも修験道の聖地であり続けている。

まさる呪法を使った空海の雨乞いの験比べ伝説なども下敷きになっている。

ところで、芝居で「岩窟《いわや》づたひに山深く……鳥啼《な》かず、山更にかすかなり。人跡もまれなる山深み、はるか滝壺のもと」と表現された、鳴神上人の行場《ぎょうば》とみなされているのが、賀茂川の源流・雲ケ畑川（小野川）上流にあたる岩屋山中の「志明院《しみょういん》」である。

岩屋山はその名のとおり、全山が奇岩巨岩で、志明院は杉や檜の巨木に包まれた山腹にある。弘法大師・空海が祀《まつ》ったという不動明王を本尊としていることからもわかるように、真言系の修験道《しゆげんどう》の道場として開かれ、幾多の盛衰はあったものの、いまでもその伝統を守っているところである。

伝承によれば、この山に登った空海の前に出現した童子が「この山の守護神である。あなたが来るのを長い間待っていた。ここで三密の秘法をおこなって人びとを救え」と言って、飛龍となって滝のなかに入った。そこで、空海はその飛龍を滝の上に祀った。本堂の背後にある滝がそれで、その背後上方にある大きな洞窟で護摩の行法もおこなったという。歌舞伎の『鳴神』は、こうしたこともふまえて創《つく》られたのであった。

由来　志明院は白雉元年（650）、役小角が創始した修験道の道場。
ご利益　「めやみ地蔵」「脳薬師」などとも呼ばれ、難病平癒の仏様として知られる。
本尊　不動明王
あし　京都バス　岩屋橋下車、北へ徒歩20分

惟《これ》喬《たか》神《じん》社《じゃ》

◆◆敗者・隠者が崇めた惟喬親王

雲ケ畑を中心とした北山の山中には、惟喬《これたか》親王ゆかりの旧跡と伝えるところが多い。岩屋橋近くにある惟喬神社は、親王に仕えた人びとが親王を偲《しの》んで建てたものとされ、雲ケ畑中畑町にある高雲寺では、親王が俗世を捨てて閑居した高雲宮跡と伝えており、親王の位牌も祀られている。

惟喬親王は文徳《もんとく》天皇の第一皇子（母は紀名虎《きのなのとら》の娘・静子）であったが、第四皇子の惟仁《これひと》親王の母が藤原良房の娘・明子であり、しかも病弱であったことも手伝って出家し、帝位を継承したのは惟仁親王（清和天皇）であった。このため、惟喬と惟仁の間には帝位をめぐる激しい争いがあったという伝説が生まれることになった。

『平家物語』などでは、競馬や相撲の勝敗で帝位を争い、その勝敗を左右することになったのが、それぞれの側の護持僧の呪術《じゅじゅつ》であった。惟喬親王側には真済《しんぜい》僧正、惟仁親王側には恵亮《えりょう》が付いていたが、大威徳法をおこなった惟仁側の恵亮が勝ったので、惟仁が即位した、と語られている。

出家した親王は比叡山西麓の小野（現在の大原）に隠棲《いんせい》し、和歌などの風流を楽しんだらしい。後世に残る彼の歌はすべて隠棲の寂しさを歌ったものであるために、文人的隠者・遁世《とんせい》の聖の先駆者としての評価を受けることになった。

としてこの地に祀り上げられた。

うっそうとした木立に囲まれる惟喬神社。悲運の親王は、敗者のシンボル

それればかりではない。親王は椀《わん》などを作る「木地屋《きじや》」の祖ともみなされるようになり、さらには、政治的敗者にして隠者というイメージがそうさせたのだろうか、浄瑠璃や歌舞伎では死んだ紀名虎を「反魂《はんごん》（招魂）の秘法」で蘇生《そせい》させ、伴大納言とともに反逆する「悪玉」として描かれるようになった。

このように重層した伝承を背負った惟喬親王にふさわしい隠棲地として、後世の人びとが見出したのが、雲ケ畑一帯の山中だったわけである。近くに比叡山の麓の隠棲地と同名の小野郷があったことも無関係でないだろう。この山中に木地屋の集団が移り住んでいた時代もあったのだろう。

由来　権力争いに敗れて雲ケ畑に隠棲した惟喬親王が、寵愛した雌の鷹をこの地に葬り祀ったのがはじまり。親王の死後、御霊もあわせて祀られた。なお、惟喬親王の墓は左京区大原上野町にある。
祭神　惟喬親王
あし　京都バス大原方面行きで野村別れ下車、東へ徒歩10分

深《み》泥《どろ》池《がいけ》

◆◆「すむ水鳥のあるぞ怪しき」恐ろしい場所

北山《きたやま》の方から現れた雲が天を覆うと、柔らかい日差しが降り注いでいた、のどかな深《み》泥池《どろがいけ》が、瞬く間に荒涼とした景色に変わった。池面も風で波立っている。そんな池の端にたたずんでいると、このあたりに集落がなかった中世のころの光景が思い浮かんでくる。深泥池はもっと水量も多く、周囲には草がうっそうと生い茂っていたにちがいない。

そのころの深泥池付近は、洛中から鞍馬・貴船へ至る鞍馬街道の分岐点にあたることもあって、西光《さいこう》法師が安置したという地蔵尊が立っているだけの原野であった。

深泥池には、奈良時代の高僧・行基《ぎようき》がここで修法《しゆほう》をしたとき、弥勒菩薩《みろくぼさつ》が池の中から現れたというありがたい伝説（そのために御菩薩池と書くこともある）もある。だが、和泉式部が「名を聞けば影だにみえじみどろ池にすむ水鳥のあるぞ怪しき」と歌っているように、平安時代の昔から恐ろしい場所と思われていた。

なぜ恐ろしかったのだろうか。一つには池に「大蛇」が棲んでいたからである。たとえば、江戸時代の『雍州府誌《ようしゆうふし》』にこんな話がある。大徳寺の徹翁《てつおう》和尚の説教を聞きに、深

深泥池は京都有数の幽霊スポットとしても知られる。連綿と現代まで続く「魔界」といえる。

泥池の大蛇が人間の女に化けてやってきた。そのために大蛇が説教を聞いていた場所では、梅雨どきになると決まって水がわき出た。それでそこを「梅雨水」という。

　この池の大蛇は、僧の説教を聞くという奇特な性格ばかりでなく、人間の妻にもなりたがったらしい。それを物語るのが中世の語り物『小栗判官《おぐりはんがん》』である。

　小栗判官が笛を吹きながら鞍馬詣《もう》でに出かけたとき、その美しい笛の音に誘い出された大蛇が一目《ひとめ》惚《ほ》れし、美しい女に化けて首尾よく彼の妻になることに成功する。だが、そのために大雨が降り、小

栗は都を追われることになる。
　その後、小栗は「餓鬼身《がきみ》」すなわち半死の状態で、流罪中にめとった妻・照手姫《てるてひめ》と遍歴を続ける。そして、熊野の湯につかってもとの姿に再生し、都に帰還する。この中世を代表する払いと清め、死と再生の物語の発端は、この深泥池の大蛇にあったのである。

◆◆節分の始まりを伝える「豆塚」は「魔滅塚」でもあった

　深泥池は、「あの世」と「この世」の境界とみなされていた。大蛇伝説も池の畔《ほとり》に立っていた地蔵も、こうした境界性を物語っているのだが、いま一つ境界性に関係した興味深い伝承が伝えられていた。

『京都民俗志』によると、かつてこの池のほとりに「豆塚」という塚があった。昭和の初めころには廃《すた》れていたが、京都の人たちが、節分で使った炒《い》り豆を升に入れたり紙に包んだりして、この塚に捨てに来るという習俗があったという。

伝承によれば、都の北に鬼たちが出没して困っていたところ、鬼たちの会話を立ち聞きした者がいて、この鬼たちは貴船の奥の谷に棲み、地下の道を通って深泥池の畔の穴から地上に出てきて世間を騒がせている、ということがわかった。そこで、その穴へ鬼が嫌う豆をたくさん投げ込んで塞《ふさ》いだところ、それからは鬼も出なくなった。それ以来、この鬼の穴の跡に節分の豆を捨てるようになったのだという。

このような習俗は、中世末か江戸時代初期までさかのぼることができそうである。というのも、お伽草子の『貴船の本地』のなかに、次のようなエピソードが記されているからだ。

この物語は、扇に描かれた美女のような女性を妻にしたいものだと思っていた貴族の男が、鬼国の姫こそ思い焦がれる女性だとわかって鬼国まで赴くという、波瀾《はらん》万丈の異国訪問譚《たん》である。そして、その結末で、二人が結ばれたことを知った鬼たちが「深泥池の端の方丈の穴」から来襲してくるという鞍馬の毘沙門天のお告げに従って、この穴から出てくる鬼を炒り豆で撃退する。それが節分の始まりとなった、と語られているのである。

鬼の国との出入り口であったというこの豆塚は『都名所図会』では「魔滅塚」と記されて深泥池の丑寅の畔にあるとし、また『京都民俗志』では池の畔に祀《まつ》られている貴船神社

池の畔に祀られる貴船神社（本章冒頭の貴船神社の末社）。かつてこの付近には、鞍馬の貴船にある鬼の国への出入り口があったという。

付近にあったと推定されているのだが、残念ながら、いまはその痕跡さえ見出すことはできない。

由来　平安の昔から「恐ろしい場所」と考えられていた、水浅きも泥深き池。現在でも京都有数の幽霊スポット。

あし　京都バス　深泥池下車

赤山禅院《せきざんぜんいん》

◆◆これは強い。閻魔王転じて祭神となる

京都市左京区の修学院離宮の北隣に、「赤山禅院《せきざんぜんいん》」というとてもユニークな寺院がある。というのも、比叡山《ひえいざん》延暦寺別院というれっきとした寺でありながらも、この寺の本尊（主神）は、「赤山明神」という「神」だからである。

記録によれば、この明神は、仁和《にんな》四年（888）、慈覚《じかく》大師円仁《えんにん》の遺命によって天台の鎮守神として祀り始めたもので、明治の神仏分離までは、寺というよりむしろ延暦寺が管理する神社であった。

現代では、寺が神を祀っているのは珍しい。だが、それに輪をかけるように珍しいのは、この赤山明神とは「泰山府君《たいざんふくん》」のことだとされていることである。泰山府君とは、陰陽道でいう冥府《めいふ》の主宰者のことで、仏説でいう地獄の閻魔宮《えんまきゆう》の主宰者・閻魔王に相当する。

泰山とは、中国・山東省にある、今日でもたくさんの人びとが参拝登山している有名な霊山である。中国の漢や唐の時代には、この泰山の麓《ふもと》のどこかに生死・寿命そして生前の功罪を審判し懲罰を加える冥界が存在しているといった民間信仰が伝承されていた。こ

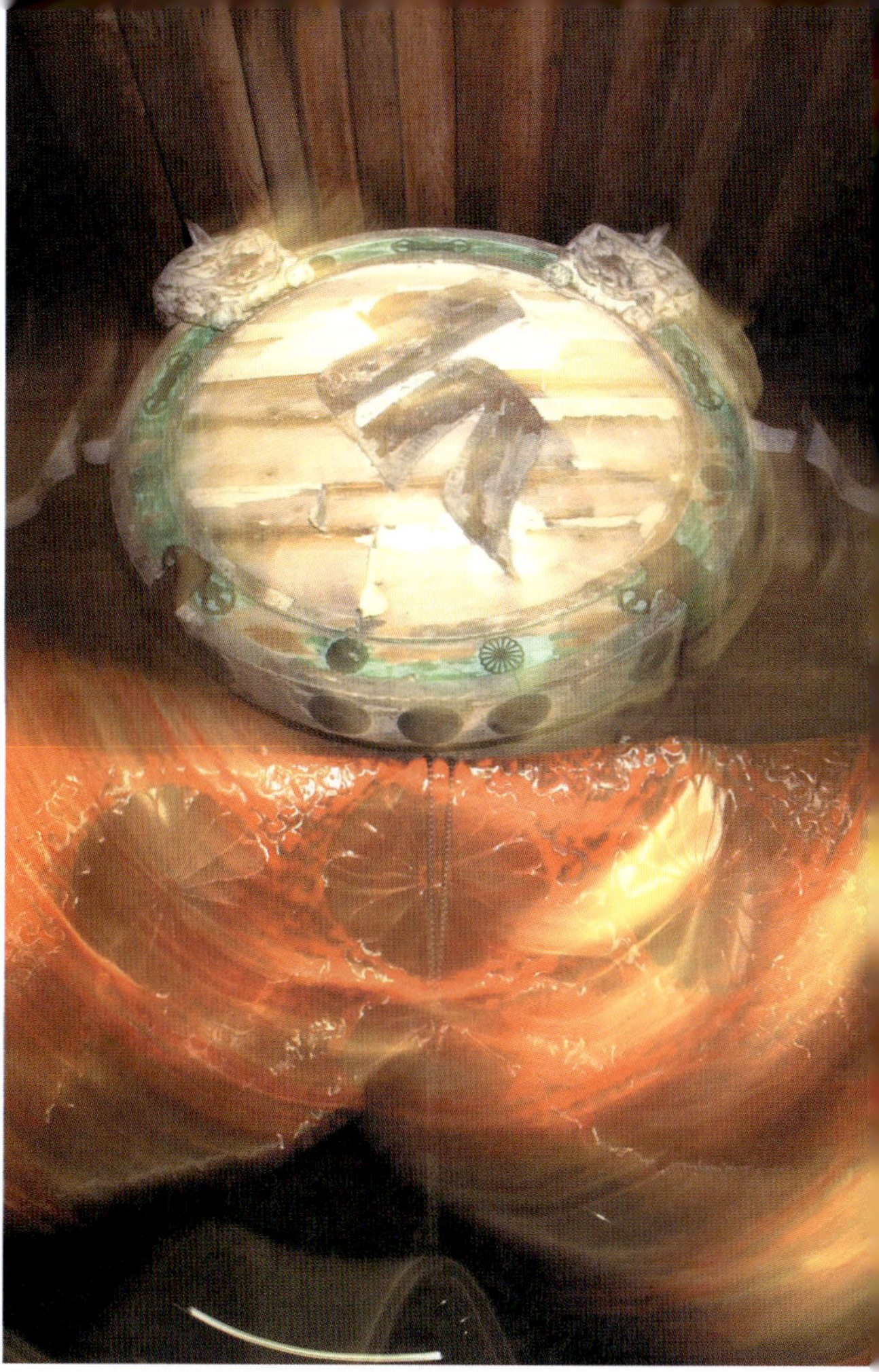

寺でありながら神を祀る。それも、泰山府君
こと地獄の閻魔宮の主宰者・閻魔王をである。

中国風に描かれた赤山大明神の絵馬。

の信仰が日本に伝えられて、陰陽道のなかに入り込んだのであった。

　陰陽道でもっとも重視された神格が、じつはこの泰山府君であった。病気快癒・延命の祭祀・祈禱《きとう》を「泰山府君祭」と称するのは、このような背景があってのことなのである。中世に流布《るふ》した『泣不動説話』は、安倍晴明が病人祈禱（弟子の命を危篤の師匠に移し替える儀礼）をする物語であるが、このとき晴明がおこなったのも「泰山府君祭」であり、能の『泰山府君』も、天女が泰山府君の力で桜を延命させるという内容の話である。

　赤山禅院は、かつては陰陽道によって支えられた社でもあったのである。禅院が配布している絵馬には、赤山明神＝泰山府君が中国風の身なりの優しそうな男として描かれている。

◆◆天皇の「身代わり」として猿を祀る

赤山禅院の拝殿の屋根に、右手に御幣《ごへい》を、左手に鈴をもった猿の像が載っている。鬼門から侵入してくる鬼（＝邪悪なもの）を追い払う役割を担っているのだそうである。これは「さる」という語が「去る」に通じるからだといわれている。駄洒落《だじゃれ》のように思うかもしれないが、言霊《ことだま》を信じていた時代には、「猿」は「魔よけ」の動物として信仰されていたのである。

周知のように、京都の町家《まちや》では、東北の方角に角ができるのを嫌って、角を切ったり塩を置いたりして「鬼門封じ」をおこなってきた。御所はその典型で、御所の塀は大きく東北の角が切り取られている。しかも興味深いことに、そこにも猿の像が配置されている。このためにそのあたりを「猿が辻《つじ》」と呼んでいる。そして、この猿と赤山禅院の猿は仲間であって、互いに連絡し合って鬼を追い払うのだという。

御所と赤山禅院を結ぶラインの延長上に、都の鬼門を守護するために建立されたと伝えられている比叡山延暦寺がある。しかも、この延暦寺のもう一つの鎮守神であった日吉《ひよし》大社（旧山王権現社。二四三ページ）もまた、猿と関係が深い神社であった。

日吉大社の使いは猿である。日吉大社の摂社早尾《はやお》神社の祭神は、中世では衣冠束帯《いかんそくたい》姿の猿で表され、いまでも大社西本宮の楼門の軒には猿の彫刻があり、さらに大社西本宮の参道脇《わき》には古くから設けられていた「猿小屋」もある。

近世の『塩尻』という書物によると、この「猿小屋」の猿には神聖な役割が課せられて

は御所の鬼門を封じ、時として天皇の「身代わり」ともなった。

菊の御紋章の下に鎮座まします魔よけの猿。天皇家との強いつながりがうかがい知れる。

屋根の頂上に魔よけの猿をいただく赤山禅院。猿

いた。天皇が疱瘡《ほうそう》にかかったとき、この猿も疱瘡にかかった。天皇の疱瘡が重いときは、猿の疱瘡は軽く、天皇が軽いときは猿のほうが重いという不思議な症状を示す。そして猿が疱瘡で死ぬと、天皇は快癒するというのである。

御所の鬼門を守護する猿は、「魔よけ」であるばかりでなく、天皇の「身代わり」でもあったのである。

由来　仁和四年（888）、慈覚大師・円仁の遺命により、弟子の安慧が創建した延暦寺の別院。

ご利益　方よけ　商売繁盛　ぜんそく封じ

祭神　赤山明神（泰山府君）を主神とし、七福神も祀られている。

イベント　泰山府君祭（5月5日）

あし　市バス　修学院離宮道下車、徒歩約15分

三章 洛東

呪い渦巻く冥府・魔道との境界

八坂神社護符

洛東

鴨川と京都の東側の東山連山にはさまれた地域。

六道珍皇寺《ろくどうちんのうじ》

◆◆門前には、地獄の入り口がある

六道珍皇寺（京都市東山区）は、六波羅蜜寺《ろくはらみつじ》から東にほどないところにある。大きな寺ではないが、京都の人びとに「六道さん」と呼ばれて親しまれている古い寺で

死後、六道（地獄・餓鬼・畜生・修羅・人間・天道）のどの冥界に行くのか。地獄へ行くことを恐れた人びとは、切なる願いを地蔵菩薩に託した。そこは、あの世とこの世を結ぶ境界でもあった。

ある。ふだんはひっそりとしているのだが、一年に一度、八月七日から十日までの四日間は、盂蘭盆《うらぼん》の精霊迎えのための参詣者でたいへんなにぎわいとなる。京都の人たちの御先祖様は、ここから家々にやって来るのである。

このあたり一帯はかつて葬送の地であった。おそらく、その縁でこの寺が建てられることになったのだろう。実際、六道さんの愛称は、門前のあたりを「六道の辻」と称していたことに由来しているという。六道とは、仏教でいう地獄など六つの冥界のことである。ここがその交差点とされていたのだ。もっとも、六道といっても人間がもっとも恐れたのは地獄に行くことであったから、六道の辻は地獄の入り口とほとんど同じであった。それで地蔵が祀られているのである。

珍皇寺といえば、忘れるわけにはいかないのが、平安時代初期の宮廷歌人小野篁《おののたかむら》である。自由奔放な性格の人物だったらしく、さまざまな逸話・伝説があるが、その一つに、身は宮廷に仕え、魂は地獄の閻魔《えんま》王宮に仕えていたという話がある。

『今昔物語』は、それを次のように語る。かつて篁が罪に問われた時に弁護してくれた藤原良相《よしすけ》が亡くなった。閻魔の宮殿に引き出され、居並ぶ冥官たちに生前の罪を吟味されることになった。ところが、驚いたことに、そのなかに篁がいたのである。篁が冥官たちに「この者は心正しい者である」と弁護してくれたので、赦《ゆる》しをえてこの世に戻ってきた。

昼は宮廷、夜は閻魔王宮に仕えた小野篁。

良相が朝廷に出仕すると、そこにもちゃんと篁がいた。不審に思って、そっと閻魔宮でのことを尋ねると、「先年のお礼をしたまでのこと。わたしのことは秘密にしてほしい」と口止めされたという。

　珍皇寺の境内には、本尊の薬師如来とともに地蔵菩薩、そしてこの篁の像も祀られている。

由来　京都で最も古い寺の一つで、空海の師、慶俊僧都の開基とも小野篁の建立ともいわれる。お盆に精霊を迎えるために撞かれる鐘は「迎え鐘」と呼ばれ、矢田寺の「送り鐘」と対をなしている。

本尊　薬師如来（伝教大師最澄作といわれる）　地蔵菩薩

イベント　盂蘭盆会（8月7〜10日）。このとき参詣することを精霊迎えとも六道参りともいう。

あし　市バス　清水道下車、徒歩5分

八《や》坂《さか》神《じん》社《じゃ》

◆◆「祇園さん」には、恐ろしい疫病神が祀られている

京都には新旧さまざまな祭りがある。そのなかでもっとも有名なのは、いうまでもなく「八坂神社の祇園祭」である。「祇園さん」と呼ばれて親しまれている八坂神社は、明治の

には、「闇」が潜んでいる。

疫病神に出会いたければ、「祇園さん」にどうぞ。華やかな装いの奥

神仏分離までは天台宗に属する感神院《かんじんいん》と称する寺院であった。

真夏の京都に、山鉾《やまぼこ》巡行を中心に繰り広げられる華麗にして豪壮な祇園の祭礼を見ている限りでは、この神社が魔とか妖怪変化と深い関係があるなどと思う人は、少ないのではなかろうか。まして、その祭神が古代の神話の荒ぶる神スサノオと習合した、恐ろしい疫《やく》病神《びょうがみ》「牛頭《ごず》天王」であったということを知る人は、ほんのわずかではなかろうか。

感神院の末社祇園社（天神堂）に祀られていた牛頭天王は、大陸から伝えられたと思われる神で、この祇園社には陰陽道色の強い神人《じにん》（神社に仕える下級神職）が奉仕していた。この神の由来を伝えるのが、中世に広く流布した『祇園牛頭天王縁起』である。

牛頭天王神像（清川智徳家蔵／澤井英樹撮影）。文字どおり頭に角をいただく荒ぶる神である。

天竺《てんじく》マカダ国の大王は、人間世界に下って牛頭天王といった。牛の面をし、するどい角を生やし、夜叉《やしゃ》のごとくであった。その天王が南海の竜宮の姫を妻に迎えようと旅立った。その途中、巨旦将来《こたんしょうらい》という長者の家に宿を求めたが断られる。そこで蘇《そ》民《みん》将来という貧乏な者に宿を求めたところ、快くもてなしてくれた。

長者でありながらも傲慢《ごうまん》な巨旦のふるまいに怒った天王は、竜宮で首尾よく妻と子どもを得ての帰り、また蘇民の家に宿を取り、巨旦の一族を呪《のろ》い殺してしまうのである。そして「私たちはこれから疫病神となって暴れ回るが、蘇民の子孫のみは、もてなしてくれたお礼に助けてやろう」と約束した。それがために、「蘇民将来子孫也」という護符を入り口に張っている家には疫病神は侵入しない、といわれている。

この疫病を引き起こす神を「御霊」として祀り上げたのが祇園社であり、その祭礼が「祇園御霊会」、つまり現在の「祇園祭」なのである。

◆◆華やかな歴史絵巻・祇園祭には、民衆の悲しみが込められている

牛頭天王の説話には、興味深いことがいろいろ語られている。なかでも牛頭天王が巨旦将来に復讐《ふくしゅう》する場面は、当時の怨敵調伏《おんてきちょうぶく》の儀礼とこれに対抗する調伏儀礼が描き込まれていて、まことにリアルである。

牛頭天王が眷属《けんぞく》・配下の者を巨旦の家に派遣して様子をうかがわせたところ、巨旦は気がかりなことがあるので博士（陰陽師）を招いて占いをしているところであった。

博士は、まもなく牛頭天王の家来が攻め寄せてきて命が危ない、と警告する。巨旦は博士の言に従って、千人の僧を招いて大般若経《だいはんにゃ》を読ませた。すると六百巻の大般若経が巨旦

境内には、いにしえの人が疫病で苦しめられた記憶が刻まれている。

現代の「蘇民将来の子孫」は、何を牛頭天王に祈るのだろうか。

の屋敷を取り囲んで敵の侵入を阻止する砦《とりで》となった。ところが、法師の一人が経文を一字読み落としていたために小さな穴ができ、そこから天王の軍勢が侵入して、巨旦の一族をことごとく滅ぼしてしまったのであった。

主人公は天王であり、巨旦はその敵役となっているので、私たちは天王の側から物語を読んでしまいがちである。だが、身を巨旦のほうに置いてみるとどうだろう。疫病神が襲ってくるので、防御の祈禱《きとう》をするのは至極当然だということになる。

よくよく考えてみると、疫病に苦しめられていた時代の人びとは、巨旦の立場に立っていたのではなかろうか。

しかしながら、当時、この程度の祈禱では、凶暴な疫病神である牛頭天王の攻撃から逃れることができなかった。疫病は繰り返し襲ってきたからである。そこで考えついたのが、牛頭天王の側に身を置こう、というものであった。つまり、自分たちは牛頭天王を歓待したがゆえに天王の祟りを免れた蘇民将来の子孫だ、と偽ることによって、その難を逃れようとしたわけである。

それればかりではない。京都の民衆は、社を造って牛頭天王を神に祀《まつ》り上げて封じ込めてしまおうとしたのである。それが祇園祭であった。したがって、祇園祭は、京都が疫病で苦しめられたことの記念の祭りといえるであろう。

由来　疫病神として恐れられた牛頭天王を「御霊」として祀るために建立。

ご利益　厄除け　商売繁盛

祭神　牛頭天王

イベント　例大祭（6月15日）祇園祭（7月1日〜29日）おけら祭（12月31日〜1月1日）

あし　市バス　祇園下車

八《や》坂《さか》の塔《とう》

◆◆日本歴史上屈指の呪術師・浄蔵

菅原道真と同時代の平安中期に、浄蔵という験力（呪力《じゆりよく》）のすぐれた僧がいた。朱雀《すざく》門《もん》の鬼がもっていた笛を吹いて鬼から誉《ほ》められたあの浄蔵である。私はこの浄蔵を、日本呪術史上でも屈指の呪術師だと思っている。というのも、彼の呪験をめぐる興味深い逸話・伝説のたぐいがたくさん残っているからである。

浄蔵の伝説といえば、まず挙げなければならないのは、やはり戻橋の名の由来に関する伝承であろう。

浄蔵は、文章《もんじよう》博士三善清行の八男であった。熊野に修行に出かけていたときに父の死を察知して急いで戻ったが、時すでに遅しで、葬列がちょうど戻橋に差し掛かったところであった。臨終に立ち会えなかったことを嘆いた浄蔵が祈禱を五日間続けると、棺のなかの清行がよみがえり、それから七日間ほど生きていたという。その事があって、この橋を「戻橋」と呼ぶようになったのである。以来、この橋には「戻る」ということに引っかけた、「花嫁は渡るな」とか「出征兵士は渡れ」といったさまざまな習俗が生まれることに

塔の中心の礎石には、聖徳太子によると伝えられる創建当初のものが残されている。

なったのであった。

浄蔵はこの死者の蘇生《そせい》の呪術に長《た》けていたらしく、光孝《こうこう》天皇の皇子南院親王が亡くなったとき、祈禱でやはり四日間ほど蘇生させている。天文・占いにも長けていたというから、この蘇生の術は陰陽道とも関係があるのかもしれない。

浄蔵をめぐる逸話のなかでも、とくに印象的な話を紹介しよう。浄蔵が八坂寺（法観《ほうかん》寺《じ》）に住んでいたときのことである。この寺の塔が傾くということがあった。塔とは、あの「八坂の塔」のことである。人びとはきっと不吉なしるしだと騒ぎ立てた。浄蔵はこのことを知り、祈り直したいと考え続けていたが、ある日、ついに意を決して祈り直しの祈禱をすることにした。祈禱が終わったその夜、風が吹いてこの塔を揺り動かした。翌朝見てみると、塔はまっすぐになっていた。

由来　正式には霊応山法観寺といい、聖徳太子が如意輪観音の夢のお告げにより建立したと伝えられる。
本尊　五智如来
あし　市バス　東山安井下車、徒歩3分

三年坂《さんねんざか》

◆ふと見上げると、そこには鵺《ぬえ》が埋葬されていた

八坂神社から清水寺に至る坂道は、大同《だいどう》三年（808）に開かれたことにちなんで「三年坂（産寧坂《さんねいざか》）」という名がつけられたという伝承もあるように、とても古い道で、いまでは、ひっきりなしに観光客が往来する、京都観光の最大スポットの一つになっている。だが、平安時代には、このあたりは京都の葬送地・鳥辺野《とりべの》の北のはずれにあたっていたので、殺伐《さつばつ》たる光景が広がっていた。

やがて、そのような坂にも、さまざまな理由で俗世間を離れた、「坂の者」などとも呼ばれることになる「無縁の者」たちが住み着いた。そんな人びとの間で語り出されたと思われるのが、たとえば「毛朱一竹塚《もうしゆいっちくづか》」をめぐる伝承である。

平清盛は清水寺に参籠《さんろう》して夢を見た。ある人に占わせると吉夢だという。果報を待つこと七日、内裏の宿直《とのい》に当たっていたとき、鵺《ぬえ》とおぼしき怪鳥が出現して、闇のなかを飛び回った。清盛がこれを捕獲すると、小さな未知の鳥であった。これを占った博士（陰陽師）は、これもまた吉と判じた。

最大の観光スポットは、最大の「闇」の空間でもあった。賑わいが去ったとき、坂の表情は一変する。

そこでこの怪鳥を大きな竹の筒に入れて、清水寺の岡に埋めた。これによって清盛は安《あ》芸守《きのかみ》に昇任した。また、天皇が病気になったときには、この塚に勅使が来て、病気平癒《へいゆ》の祭儀をしたという。

『源平盛衰記』にみえる話であるが、一説によれば、博士にこの鳥の正体を占わせたところ、毛朱といって年老いた鼠《ねずみ》の化け物であると判じたという。天皇が病気のときに、ここに勅使が来て祭祀《さいし》めいたことをしたというのだから、きっと塚に葬られた妖怪のたぐいが祟《たた》りをなしたと判断したのだろう。

この塚は大正のころまで三年坂の崖《がけ》にあったという。つまり、平安時代から中世においては、このあたりは、退治されてもなお祟るような、恐ろしい妖怪の埋葬地でもあったのである。

由来　大同三年（８０８）にできたことから、この名前が。清水の子安観音への安産祈願の参詣道にあたることから、産寧坂とも書く。

あし　市バス　清水道下車、徒歩３分

知恩院《ちおんいん》

◆◆七不思議、大好き！

「七不思議」という言葉がある。これは七福神とか七賢人などといった言葉があるように、七をもって一つのまとまりを示すということにこと寄せて、ある場所での自然現象や人間生活に関する不可解な事柄を七つ寄せ集めたものである。

もっとも、七不思議の細目を見ると、たしかに不思議なものもあるが、いったいどこが不思議なのか首をひねらざるを得ないものもある。また、七不思議と銘打っているものの、ぴったり七つというわけでなく、むしろ七に足りなかったり、逆に多かったりといった場合のほうが多い。

京都の七不思議といえば、まず筆頭に挙げられるのが「知恩院の七不思議」であろう。ここの「七不思議」は七つ以上ある。もっとも有名なのは「鶯《うぐいす》張りの廊下」である。千畳敷きといわれる集会堂と本堂、そして大方丈《おおほうじょう》との間を結ぶ五百メートルあまりある長廊下は、鶯のような澄んだ音をたてる。これが不思議だというのだ。

「左甚五郎の忘れ傘」も七不思議の一つである。これは本堂正面に向かって右端のひさし

本堂・御影堂。奥に回ると、縁結びにご利益のある濡髪堂や悲運のヒロイン・千姫（豊臣秀頼正室）の墓がある。

の下にある、今では骨だけになった唐傘のことで、本堂建立に加わった甚五郎が、本堂の完璧《かんぺき》さを心配して、わざわざ置き忘れたのだそうである。

　この唐傘にはもう一つ不思議な話が伝わっている。霊巌《れいげん》上人が本堂建立のさいの法話をしたとき、折からの雨にも負けず、一人の童子がやってきた。感心した上人が、帰り際に傘を貸してやろうと言うと、その童子は、「じつは私はここに棲んでいた狐で、この堂の建立のために、この地を追い払われたことを怨みに思っていた。しかし、法話を聞いて悟ることがあっ

た。以後は、当寺の守護神となろう」と言った。上人はそのことを確かめるために、「ならば、この傘を元にあったところに戻してみよ」と、「忘れ傘」を貸し与えた。すると、翌日、本堂のひさしに差し込んであった。

この童子＝狐を祀った社が、境内にある勢至《せいし》堂の背後の「濡髪《ぬれがみ》堂」であるという。

由来　開祖法然上人が念仏の教えを説いた大谷禅房の跡に、高弟・源智上人が建立。浄土宗総本山。

ご利益　墓地を通ったいちばん奥にある濡髪堂は、縁結びの神として女性に人気がある。

本尊　阿弥陀如来

あし　市バス　知恩院前下車、東へ徒歩5分

将軍塚《しょうぐんづか》

◆◆天皇家が危機を迎えたとき、大地は鳴動する

保元《ほうげん》元年（1156）七月のことである。彗星《すいせい》が現れ、「将軍塚」が鳴動を繰り返したという。その数日後に、武士が政治の表舞台に躍り出るきっかけとなった保元の乱が起こった。また、治承《じしょう》三年（1179）七月、強風が吹き暗雲が洛中を覆ったかと思うと、将軍塚が三度鳴動したという。その翌年、源頼朝《よりとも》が挙兵し、源平の争乱が始まった。

　将軍塚は、八坂神社・円山《まるやま》公園の東側の、京都市内を一望できる峰の頂上にある。「鳴動」とは地鳴り、山鳴りが起こるという現象で、それを天下・国家あるいは一族に異変が生じるときの「予兆」とみなすこと

危機に瀕する現代日本。再び将軍塚が鳴動することがあるのだろうか。

があった。その背後で陰陽師や巫女《みこ》などの占い師の活動があったのは間違いないだろう。

　この将軍塚は平安京造営の際に、都を守護させる目的で、高さ八尺（約二・四メートル）の土偶に甲冑《かっちゅう》を着せ矢をもたせて、西向きに埋めたものと伝えられている。しかし、その後、都を脅《おびや》かし続けた東北地方の蝦夷《えぞ》を平定した征夷大将軍と混同し、坂上田村麻呂《さかのうえのたむらまろ》の墓とも考えられるようになったらしい。

　この種の「鳴動」で有名なのは、奈良県桜井市の談山《たんざん》神社（旧多武峰《とうのみね》寺）の藤原鎌足《かまたり》の墓と兵庫県川西《かわにし》市の多田神社（旧多田院）の源満仲《みつなか》の墓である。鎌足の墓がしきりに鳴動したのは、平安時代中期、鎌足の子孫である藤原氏が政敵・菅原道真を除いて全盛時代を迎えるころであり、満仲の廟墓《びょうぼ》が鳴動したのは、室町時代の初期、満仲の子孫を称する足利《あしかが》氏が、南北朝の争乱を終息させ、政権を完全に掌握するころであった。どうやら「子孫」に危機が迫ったのを察知した「先祖」が、そのことを「子孫」に知らせるために鳴動するらしい。

一方、将軍塚の「鳴動」は朝廷・貴族政治の危機を告げるものであった。だが、朝廷・貴族はその危機をついに克服できず、武家政権の誕生を迎えることになったのであった。

由来　平安京造営の際、都を守護する目的で土偶に甲冑を着せて埋め、その後、坂上田村麻呂の墓とも考えられるようになった。三条粟田口にある青蓮院の東山飛び地、大日堂境内にある。

イベント　4月1日〜11月30日の夜間庭園拝観では、京都市街の夜景が一望できる。

あし　市バス　知恩院前下車

清《きよ》水《みず》寺《でら》

◆◆観音様を脅せば、呪いが叶う

清水寺の本尊千手《せんじゅ》観音は、中世後期には庶民の絶大な信仰を集め、縁日には多くの人びとが参詣《さんけい》に押し掛けた。そうした信仰を背景に霊験譚《れいけんたん》がたくさん生まれたが、そのなかでもひときわ目立っているのが、男女の縁結びであり、子授けの話であった。多くは誰が聞いても好ましく思われる話であるが、そのなかに身の毛もよだつような祈願をする人の話も混じっていた。

これを伝えるのが、中世にもてはやされた説経節『信徳丸《しんとくまる》』に描かれたエピソードである。信徳丸は清水の観音から授かった子であった。私たちの関心を引きつけるのは、そのすさまじいまでの祈願の仕方である。「前世での悪縁のために子種がないのだ」と説く観音に対して、父の信吉長者は「こうして一生懸命にお参りに来ているのだから、なんとしても子を授けよ。さもないと、仏前で切腹し、臓腑《ぞうふ》をつかみ出して仏に投げつけてやる。そして自分は怨霊《おんりょう》になって参詣に来る人に祟《たた》ってやるぞ」と、祈願というよりもむしろ観音を脅迫しているからである。

音羽の滝。金色水、延命水とも呼ばれ、日本十大名水の筆頭。清水寺の名はここにはじまる。

こうして生まれた信徳丸に、やがて不幸が訪れる。継母に憎まれ、ついに呪《のろ》い釘《くぎ》で呪われて、盲目になってしまうのだ。その呪いの場所の一つが、これまた清水寺の境内《けいだい》であった。清水坂の鍛冶《かじ》屋に宿をとった継母は、たくさんの六寸釘を作らせ、その釘を観音の前に立つ木に、縁日にちなんで十八本も打ち込んで信徳丸を呪ったのである。

だが、継母の呪い心はそれだけではおさまらなかった。余った大量の釘をたずさえて、祇園社、御霊《ごりょう》社、今宮《いまみや》社、北野社などの御霊（怨霊）系や東寺の夜叉神《やしゃじん》堂などの鬼神系の神社に詣《もう》でて、釘を打ち込んだというのだ。おそらく、これらの神社は、貴船神社と同様に、当時、呪詛《じゅそ》の願いも叶えてくれることでも広く知られていたのだろう。

こうした縁切り・呪詛の祈願やそれからの救済を願う人びとのために、清水寺境内には、丑《うし》の刻参り用の神木や夜叉神堂が存在していたという。

由来　宝亀十一年（780）、坂上田村麻呂が延鎮上人に導かれて十一面千手観音を安置するため仏殿を建てたのが起こり。北法相宗を名乗る単立の一寺一宗。

ご利益　縁結び　子授け　商売繁盛

本尊　十一面千手観音

あし　市バス　清水道下車、徒歩約10分

鳥辺山《とりべやま》

◆◆母の無辺の愛を知る幽霊飴伝説

清水坂を下り、松原通を西にほんの少し歩いた珍皇寺の手前あたりに、よく注意しないと通り過ぎてしまうほどの店構えの飴屋《あめや》がある。「幽霊子育飴」という名を冠した飴だけを売る店である。

なんとも気色《きしょく》悪い飴だが、その由来を聞くと納得する。おそらく、この飴が人気を博した近世には、出産前後の女性がこぞってこの飴を買い求めたことだろう。

「幽霊」は憎らしい者の前にのみ出てくるわけではない。生前深く愛した者の前にも現れる。「幽霊子育飴」の幽霊も、どちらかといえばこの種の幽霊で、その由来伝承を知ると、多くの人びとはその幽霊に同情し、その姿に神々《こうごう》しささえ見出すはずである。

昔、毎晩夜更けになると、飴屋に飴を買いに来る女があった。不審に思った主人が恐る恐る女の後をつけていくと、鳥辺山の墓地あたりで姿が見えなくなってしまった。翌日、そのあたりの墓場を調べてみると、赤子の泣き声がする。泣き声が聞こえてくる墓を掘ると、女の亡骸《なきがら》の脇で赤子が飴をしゃぶっていた。この女の幽霊が赤子を育てるために飴を

古くから葬送の地だった鳥辺山。幽霊の話が生まれるには、わけがある。

うわけである。

買いに来たのであった。このために、その飴屋の飴は「幽霊子育飴」と名づけられたとい

昔は出産に際して命を落とす女性も少なくなかった。この伝承には、そうした悲運の女性が幽霊になってまで子どもを育てていると語ることによって、子どもに対する母親一般の愛の深さが物語られているわけである。

この種の話は、伝説や昔話のかたちをとって全国に広く分布している。京都でも数か所に伝わっていた。しかし、医療環境の改善によって出産で命を落とすこともなくなり、子育てをする幽霊の姿もいつしか消えてしまったのであった。

由来　古くから京都の人びとの葬送の地。行基が開いたとされる。
あし　市バス　五条坂下車

三《さん》十《じゆう》三《さん》間《げん》堂《どう》

◆◆頭痛持ち・後白河法皇とドクロ伝承

蓮華王院《れんげおういん》の本堂は世間では「三十三間堂」として知られ、本堂の内陣の柱間が三十三間あることに由来している。

この三十三間堂は院政時代の長寛《ちょうかん》二年（１１６４）に、後白河法皇によって建立され、千体もの千手観音が安置されている。現在の建物は鎌倉時代に再建されたものであるが、平安時代末期に現れた千体観音堂の形式を伝える唯一の遺構で、この時代に貴族たちがいかに観音信仰に耽溺《たんでき》したかをリアルに伝えていて貴重である。実際、千体もの観音像が立ち並ぶ本堂に入った人は誰しもが、壮観さだけでなく、背筋が寒くなるような思いになるのではなかろうか。

三十三間堂といえば、江戸時代に盛んになった本堂の横での弓の競技「通し矢」が有名である。だが、異界論・魔界論の観点から見逃せないのが、創建にまつわる伝承である。

後白河法皇は頭痛が持病であった。さまざまな医術を施したが効果がなかった。熊野に参詣して祈ったところ、洛中の因幡堂に参籠《さんろう》せよ、との熊野権現の託宣を得た。言われたとおりにすると、満願の日に、夢中に貴僧が現れ、法皇の前生《ぜんしょう》は熊野の蓮華坊という僧であったと告げ、次のように語ったという。

蓮華坊は全国行脚の修行をおこなったので、その功で現生では帝位にまで就いた。しか

「不安の時代」を特徴づける観音信仰への耽溺。今、再び蘇るか。

し、前生のドクロがいまだ朽ちずに川底にあって、そのドクロを柳の木が貫いて生えている。柳が風に揺れるたびにドクロも揺れ、そのたびに法皇の頭も痛くなるのだ。そのドクロを取り上げれば頭痛も治るだろう。

法皇がこの霊夢にしたがって、教えられた川底を調べさせると、たしかにそのようなドクロがあった。そこで、法皇はこのドクロを観音の頭中に籠め、ドクロを貫いていた柳の木を堂の梁《はり》にして建立し、前生の僧名である蓮華坊にちなんで「蓮華王院」と名づけたという。

この伝承がどこまで本当かは定かでないが、三十三間堂には今でもこうした伝承が生まれてもおかしくない異様な雰囲気が漂っている。

由来　後白河法皇の命により、平清盛が法皇の離宮に私堂として建立。
ご利益　頭痛平癒
本尊　千手観音
イベント　楊枝のお加持と弓道遠的競射引初め（1月中旬の日曜日）全国弓道大会（5月2日）
あし　市バス　博物館三十三間堂前下車

耳《みみ》塚《づか》

◆◆そこには、耳も鼻も、そして首も埋まっている

日本人は「首狩り」の習俗をもっていた。いうまでもなく、この習俗の主たる担い手は武士である。元来、戦闘集団であった武士は、敵の首を斬《き》り取って、大将の前に陳列した。それは戦果の誇示・確認であるとともに、首の種類や数が戦勝のほうびの多少を決定することにもなったので、武士にとってもっとも重要な行為であった。

世に名高い戦国の武将たちは、その名声に比例して首を狩った数も多かったといっても過言ではないだろう。そんな首狩り習俗の記念碑が、三十三間堂の北側、豊国《とよくに》神社前の丘にある五輪塔、通称「耳塚」である。

このあたりは豊臣家の全盛時代には、秀吉の埋葬地である阿弥陀ヶ峰や、その霊を「神」として祀《まつ》った豊国神社、さらには方広寺大仏殿などが並ぶ「霊界ゾーン」であった。この耳塚の由来も、秀吉に結びつけて語られている。

戦国の世を平定し天下泰平の基礎を築いたことで評価が高い秀吉であるが、首狩りという点でも超一級であった。秀吉は人一倍残忍な性格の持ち主であった。それは千利休に切

腹を命じて戻橋にさらしたり、養子の関白秀次を切腹に追いこみ、その妻子らを打ち首にしていることからもわかるはずである。

この耳塚には、次のような伝承がある。秀吉の命令で朝鮮に出兵したとき、敵の将兵や民衆を捕まえて鼻を削《そ》ぎ落とし、樽《たる》に塩漬けにして日本に送った。本来は首を塩漬けにして送るべきところを、首では運送のための負担が大きいので、省エネをはかって「鼻」で

「耳塚」は、豊臣家の「霊界ゾーン」の一角にある。もともとは切り落とした鼻を葬った「鼻塚」であった。

済ませた。これを葬ったところがここであったというのである。

この話に従えば「鼻塚」とすべきだが、いまはなぜか「耳塚」と呼ばれている。この話が本当だとすれば、この塚の場合、鼻の霊、つまり首を狩られた敵の霊の鎮魂というよりも、戦勝の誇示のための塚という性格のほうが強かったのだろう。

今では、この塚は、日本と朝鮮半島との悲惨な交流史の一コマを記した記念碑ともなっている。

由来　豊臣秀吉が文禄・慶長の役に敵方の武将の首の代わりに、切り取った鼻・耳を埋葬したといわれる。
あし　市バス　博物館三十三間堂前下車、徒歩10分

四章

洛外

奇跡を実現させる仏教以前の神々

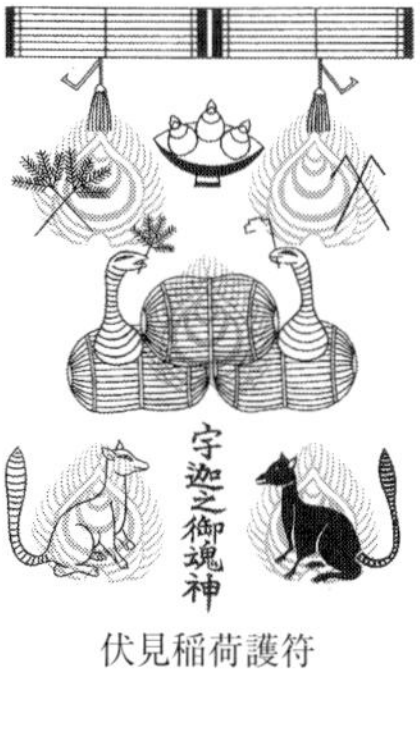

伏見稲荷護符

洛外　右京区・西京区の洛西と、南区・伏見区の洛南を含めて洛外とする。

愛宕山《あたごさん》

◆◆「不滅の火」があれば、一日が千日に匹敵する

京都の北西はるかに望まれる愛宕山は古代からの霊山で、その主峰の朝日峰頂上には、「愛宕神社」が祀られている。明治の神仏分離以前は現在の社務所のあたりに、その神宮寺である「白雲寺」の僧坊も建ち並んでいた。

愛宕山は「千日詣《もうで》」が有名である。七月三十一日の夜から八月一日にかけておこなわれる通夜祭に参詣すると千日の参詣に匹敵するというので、この日は万を超す参詣者でにぎわうという。

愛宕山は昔から火を中心とした信仰、とりわけ火事や火傷除《やけどよ》けに霊験があるということで全国的に信仰を集めてきた。このことは、たとえば近年まで古代からという「不滅の火」を守ってきたことにも示されている。

その一方、愛宕山は天狗《てんぐ》信仰の拠点で、しかも全国各地の天狗の惣領《そうりょう》（長男）格であるということになっており、「太郎坊天狗」と呼ばれてきた。

天狗といえば、現在では鞍馬山のほうを想起してしまいがちであるが、じつは天狗信仰

天狗信仰の発祥地・愛宕山。もとからの火の信仰と天狗伝説が合体し、都の大火は天狗の仕業とされた。

天狗の形象は、時代とともに様々に変化した（鳥山石燕『画図百鬼夜行』）。

は愛宕山のほうがはるかに伝統をもっていた。

『源平盛衰記』に、愛宕山の火の信仰と天狗の伝承との結合を物語る興味深い話がみえる。安元《あんげん》三年（1177）四月二十八日のこと、樋口富小路《ひぐちとみのこうじ》の民家から出た火事が折りからの風で北西の方角に広がり、大内裏《だいだいり》を含む京都の半分を焼失するという大火となった。

この大火は、愛宕の天狗によって引き起こされたとの噂《うわさ》が流れたので「太郎焼亡《じょうもう》」と呼ばれた。火事が発生したとき、占い上手の盲目の陰陽師が樋口＝火口、富小路の富＝鳶《とび》（当時の天狗は鳶の姿で飛行するとされた）と読み解き、愛宕山の天狗のしわざと判断したのであった。案の定《じょう》、火事は愛宕山方面に拡がっていったのであった。

◆◆天狗の像に釘を打ち、呪殺する

愛宕山参詣道五十町を、清滝《きよたき》から登り始めてほどなくして「燧権現《ひうちごんげん》」の跡を示す石碑に至る。愛宕神社はまだはるか山の上方なので、気づかずに通り過ぎてしまいがちな碑である。しかし、この場所こそかつて愛宕信仰の重要な拠点「清滝四所権現」があったところなのである。

いつごろ、何者によってこの場所に権現社が建立されたかは定かでないが、おそらくは、鉢《はち》を飛ばす法術（飛鉢法）を得た「清滝の聖《ひじり》」のような山岳修行者たちによって建てられたのだろう。

興味深いことに、この権現社は平安時代の末期には、すでに天狗《てんぐ》信仰の拠点でもあったらしい。保元の乱の主役の一人である藤原頼長《よりなが》の日記『台記』に、こんな奇怪な話が記されている。

久寿《きゅうじゅ》二年（１１５５）、近衛天皇の崩御後、頼長の友人がやってきて、頼長に奇妙な噂を教えた。鳥羽上皇が頼長と彼の父・忠実《ただざね》を恨んでいるというのだ。わけを聞くと、法皇が雇った巫女に亡くなった近衛天皇の霊が乗り移って、「数年前、誰かが愛宕の天狗の像に呪い釘を打ったので、私が死んだのだ」と口走った。そこで使者を派遣して調べさせたところ、そのとおりであった。それで鳥羽上皇側はその犯人を頼長と思っている、というのであった。

まことに恐ろしい話である。頼長は自分には身に覚えのないことだと否定している。だ

法術を得るために聖たちが修行した空間。ひそかに呪詛を頼みに来る者もいた。

が、呪詛《じゅそ》というものは、呪われたと思う側の一方的な判断に依拠《いきょ》しているので、少なくとも対立関係にあった鳥羽上皇側にとっては、頼長による呪詛は「事実」であった。

どうして、ここが呪詛の場所なのか。それは『古事談』にみえる右と同じ内容の話に、その場所を「清滝四所権現」としているからである。この権現社に天狗の像が祀られ、ここにひそかに呪詛を頼みに来るという時代があったのである。

◆比叡山延暦寺に戦いを挑んだ天狗《てんぐ》たち

天狗は、比叡山の天台系の僧たちによって、自分たちが広めようとする仏法を破壊する邪悪な者たちの形象つまり「魔」として創《つく》り出されたらしい。というのも、『今昔物語』や『拾遺往生伝』などにみられる天狗伝承の多くが、天台系の僧がからむかたちで描かれているからである。

その典型的な話が、すでに紹介した是害坊《ぜがいぼう》（房）説話であろう。これは、中国から渡ってきた「是害坊」と名乗る天狗が、延暦寺の座主《ざす》・慈恵《じえ》大師などの比叡山の高僧を亡き者にしようと攻撃をしかけるが、逆に撃退されてしまうという話である。この是害坊がワラジを脱いだ先が愛宕山の天狗のところであった。

この説話の初期のテキストでは愛宕山の天狗を「日羅坊《にちらぼう》（房）」と表現しているが、時

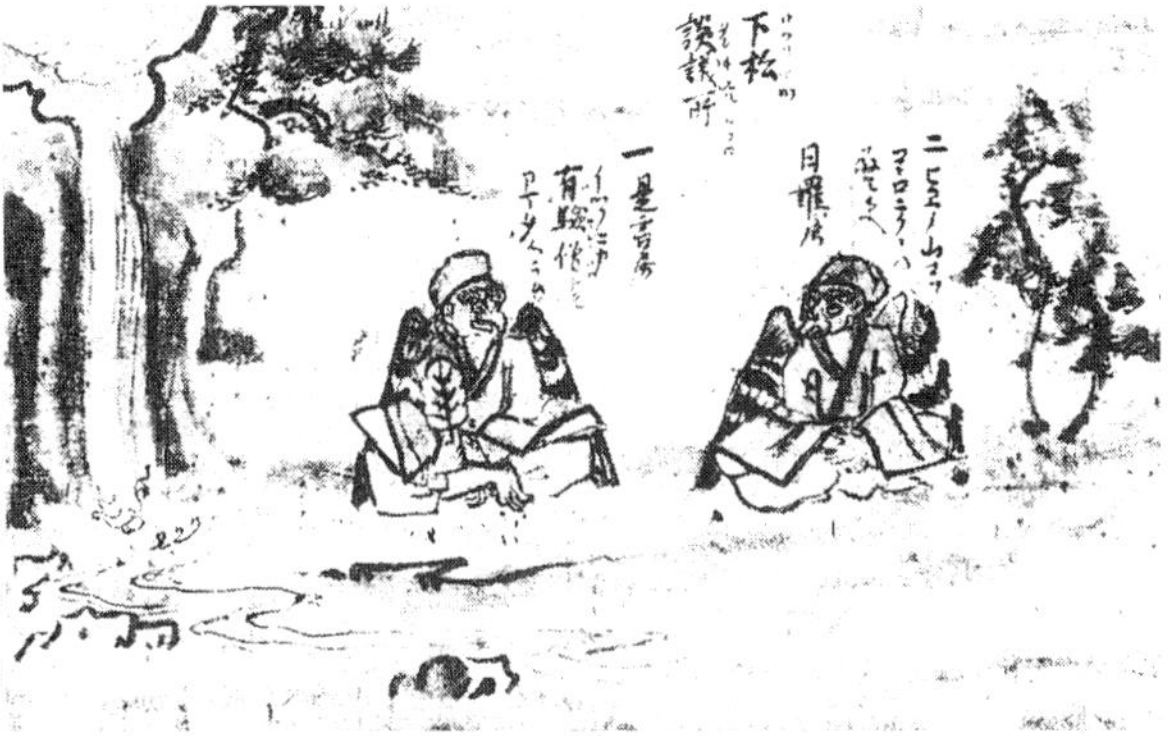

中国から渡来した「是害房」（図左）と、それを迎える
愛宕山の天狗「日羅房」（『是害房絵詞』蔓珠院蔵）。

代が下がったテキストでは「太郎坊」となっている。この変化は愛宕山の天狗を太郎坊と呼ぶことが広く浸透していた結果であろう。

興味深いのは、天台系の僧たちの間で語られたと思われるこの太郎坊の来歴伝承である。

空海の高弟に真済という智徳優れた僧がいた。愛宕・高雄の山々で修行を積み、文徳《もんとく》天皇の庇《ひ》護《ご》を受けて異例の昇進を遂げた。だが、惟喬親王と惟仁親王（後の清和《せいわ》天皇）の皇位争いの際に惟喬親王側について、惟仁親王側についた天台僧・恵亮との壮絶な呪詛《じゅそ》合戦を繰り広げた末に、獨鈷《どっこ》で脳を砕いて呪詛したという恵亮の験力の前に敗北してしまう。真済はその後、この恨みをはらすために天狗＝怨霊となって天皇家を脅かし続けたという。この真済天狗が、生前に修行を積んだ愛宕山に住み着いて、太郎坊天

わらぬ静寂な空間は、今にも天狗が現れそうな気配を漂わせている。

狗となったというのだ。

この話では、天台系と勢力を争う関係にある真言系の僧が愛宕山の天狗とされている。天狗とは、比叡山を脅かすものの象徴でもあったのである。

◆◆宇宙山――天と地は愛宕山で結ばれている

愛宕山の参詣道の途中に、神木としての扱いを受けている朽ちた大杉の幹がある。昔、

愛宕神社参道。昔と変

天狗が集まったとの伝承もある大杉である。そんな話を聞くと、私の脳裏に、天まで届くほどの杉の巨木の枝々に天狗たちが留まって参詣者を見下ろしているというまことに怪しい光景が思い浮かんでくる。

宗教学や文化人類学では欠かせない概念に「宇宙軸」(世界軸)というのがある。これは多くの民族・文化の神話や儀礼に表現されているもので、宇宙(世界)の中心には、その頂は天まで伸び、その根は地の底まで至る、大きな樹《き》や山などがそびえ立っているとする思想である。

その典型の一つが仏教の宇宙観における「須弥山《しゅみせん》」(妙高山)である。この思想が日本にも移入されて、多くの霊山に当てはめられた。新潟県の妙高山はそのものズバリの山名を冠した霊山であるが、京都の愛宕山も、そうした象徴的な意味を託された山であったらしい。

愛宕権現の縁起の一つ『白雲寺縁起』によると、役行者と雲遍《うんぺん》上人(白山の開祖・泰《たい》澄《ちょう》)の二人が愛宕山に入って清滝に至ると、枝は天に拡がり、幹は地中深くにまで張っていた「大杉」があって、そこに太郎坊天狗が率いる天狗の大群が現れて、この山を領有する「大魔王」となって人びとを救うと約束したという。

また、愛宕山の山頂にある神社の本殿が建っているところにも、大きな杉の木が立って

愛宕神社の神木。天と地をつなぐこの「宇宙杉」を伝って、天狗たちは人間世界に舞い降りたのか。

いた。というのも、本殿の乾《いぬい》（北西）の角の床下に巨木の杉の根っこが残っているからである。

この大杉も明らかに天と地を結ぶ「宇宙樹」であり、したがって、愛宕山は「宇宙山」であったのだ。山の精霊にして雷（火）の象徴でもあった愛宕の天狗たちは、この「宇宙杉」を伝って人間世界に示現《じげん》していたのである。

由来　古くから愛宕山は、役行者が開いた修験道の道場として信仰を集めてきたが、天応元年（781）、王城鎮護のために火の神を祀ったのが起こりといわれる。「火廻要慎」のお札の発行元で、火の用心の総本山。

ご利益　火事・火傷除け

祭神　カグツチ、イザナミ

イベント　千日詣り（7月31日〜8月1日）に夜を徹して参詣すると、千日分の功徳があるといわれる。

あし　京都バス　清滝下車、徒歩3時間

清《きよ》滝《たき》川《がわ》

◆◆やれあやかりたや「飛鉢法」

山岳で修行をする僧たちのなかに、水瓶《みずがめ》や鉢を飛ばして水や食料を調達する横着者の僧がいたという。こうした呪術《じゆじゆつ》を「飛鉢法」といい、その種の文書も残っているので、平安時代にはまことしやかに伝承されていたらしい。異界とみなされていた北山にも、山々谷々のあちらこちらにそうした僧が修行していた。いまでは蛍や紅葉の名所で知られる清滝の奥も、そのかっこうの場所であった。

『今昔物語』には、清滝川の奥で修行していた僧をめぐる飛鉢伝承がみえる。ある僧が水瓶を飛ばして水を汲《く》むほどの呪力を修得し、自分ほどの修行僧はいないだろうと心していたところ、川上からやはり同じように呪術で飛んできた水瓶が水を汲んでいくのを目撃する。その後を追って行くと、庵《いおり》を結んで住む老僧を発見する。そこで、呪術くらべを試みるがこてんぱんに負けてしまう、という話である。

浄蔵もまたそうした飛鉢法を修得した一人であった。右の慢心した僧は、どうやらこの浄蔵のことだったらしい。というのも、『発心集《ほっしん》』に、それを思わせる話があるからであ

清滝川に渦巻く流れ。未確認飛行物体・飛鉢は、このあたりを飛び回ったのだろうか。

る。

比叡山の某所で修行していた浄蔵は、飛鉢法を修得し、毎日、食料を調達していたが、ある日、都《みやこ》から戻ってきた鉢が空っぽであった。翌日も、翌々日も鉢が空で戻ってくる。不審に思い、自分の鉢が戻ってくる様子を観察することにした。山の頂から、自分の鉢が都から飛行してくるのを見ていたところ、そこに、北の方から別の鉢が飛んできて、自分の鉢から中身を移し取って、戻っていった。そこで、浄蔵がそれを自分の鉢に追跡させ、ある谷の奥に住む老いた僧の従者（＝童子）の仕業であることが判明した。浄蔵は、ここで老僧のもてなしを受けて帰るが、そこがどこだったのかをついに思い出すことができなかった。

あし　清滝川は保津川、桂川を経て淀川につながる源流。行場としてもっとも有名なのは愛宕山の登り口あたりである。京都バス　清滝下車

れている。

大《おお》酒《さけ》神《じん》社《じゃ》

◆◆グロテスクな「摩多羅神」を祀る「牛祭」

太秦《うずまさ》の広隆寺《こうりゅうじ》は京都最古の寺院で、このあたりを開発した秦《はた》氏の有力者河勝《かわかつ》が、聖徳太子を供養するために建立したという。この広隆寺の東に、広隆寺の守護神であった「大酒神社」がある。「大酒」とあるからといって酒に関係があるわけではなく、昔は「大辟《おおさけ》」とか「大避」と書いていた。どうしてこんな奇妙な名前がついたのだろうか。

世阿弥《ぜあみ》の『風姿花伝《ふうしかでん》』に、これと関係する不思議な伝説がある。それは猿楽《さるがく》の起源を物語る話なのだが、同時にこの神社の由来譚ともなっている。

河勝は、洪水のときに川上から流れてきた壺《つぼ》の中から、赤子の姿でこの世に現れ、天皇の夢の中で、「秦《しん》の始皇帝の生まれ変わりだ」と告げた。不思議に思って宮中に召して育てたが、才知まことに優

道教の神・摩多羅神を祀る大酒神社。牛は神に捧げる生贄だと考えら

れ、十五歳で大臣の位に上った。この秦河勝に、聖徳太子が六十六番の物まね芸と面を作らせ、内裏で演じさせたところ、騒がしかった世の中が鎮《しず》まった。これが猿楽の始まりである。

壺から生まれたというのも奇妙な話であるが、その亡くなり方も尋常ではなかった。河勝はその芸を子孫に伝えると、「うつぼ舟」に乗って都を去り、播磨《はりまの》国に漂着し、このあたりの人びとに祟《たた》りをなした。そこで里人がこの河勝を「大荒《おおさけ》明神」として祀り上げたというのである。

「うつぼ舟」とは、源頼政《よりまさ》に退治

名所図会』)。聖徳太子、弘法大師の名も見られる。

鼓を打ちつつ歌う摩多羅神。おもに天台系寺院で秘仏として祀られたこの神は、念仏の守護神として畏れられ信奉された。その格好が猿楽の鼓打ちに似ていることから、芸能神としての性格もうかがえる(『摩多羅神二童子図』輪王寺蔵)。

された鵺《ぬえ》が流されたのと同じ舟で、あの世への渡し舟のことである。

この神社の祭礼「牛祭」はグロテスクな姿をした「摩《ま》多《た》羅《ら》神」が牛に乗って巡回する奇怪な祭りとして知られている。摩多羅神は性格の悪い祟り神系の神で、慈覚大師円仁が中国から比叡山に伝えたものを恵《え》心《しん》

摩多羅神を牛に乗せて巡行する牛祭の図（「太秦牛祭」『都

僧都《そうず》がここに勧請《かんじょう》したのだという。

　おそらく、この伝説や祭礼の背後には、都での秦氏の没落と播磨地方への退転の物語が隠されているのではなかろうか。つまり、ある時期に、主祭神が河勝（荒神）から摩多羅神へと入れ替わったらしいのである。

由来　渡来系の秦氏が秦の始皇帝を祀ったことにはじまり、その後、秦河勝と秦酒公も合祀されるようになった。所蔵の弥勒菩薩像は国宝第一号。

ご利益　災厄退散

祭神　秦始皇帝　秦河勝　秦酒公　摩多羅神

イベント　牛祭（10月10日）は鞍馬の火祭、今宮のやすらい祭と並ぶ京都の三大奇祭といわれる。聖徳太子御火焚祭（11月22日）には、その日だけ聖徳太子像が公開される。

あし　京都バス　太秦広隆寺下車

帷子《かたびら》の辻《つじ》

愛するゆえに野に捨てられた皇后の遺骸が……

辻は、峠や橋と同様、人が往来する場所であるとともに、神々や死者の霊魂、あるいは妖怪・魔物が行き交う「あの世」と「この世」の境界でもあった。

京福《けいふく》電鉄 嵐山《あらしやま》線に「帷子《かたびら》ノ辻《つじ》」という駅がある。駅を出るとすぐ目の前に、駅名となった辻がある。付近はこぢんまりとした駅前繁華街になっていて、けっこう人や車の往来が激しい。今ではどこにでもありそうな辻であるが、昔は、東は太秦、北は広沢の池、北東は愛宕常磐《あたごときわ》、北西は上嵯峨野《かみさがの》、西は下嵯峨野へと至る街道上の重要な分岐点であった。

つまり、この辻は、京都の人びとの遺骸《いがい》が捨てられる葬送の地、化野《あだしの》への入り口だったのだ。

古今東西、「辻」には魔物が宿る。四つ角にある店は繁盛しないという俗信もその一つのあらわれだろうか。

嵯峨野の原に野ざらしにされた檀林皇后の遺骸。犬や鳥についばまれ、経帷子は後の帷子の辻に舞い降りた。それは、世の無常を感じさせるための、捨て身の布施行であったのかもしれない（竹原英泉『絵本百物語・桃山人夜話』）。

いわくありげな名称なので、近所でそのいわれを書き記したものを探したが見あたらず、また数人の住民に聞いてみたけれど、かんばしい答えは返ってこなかった。しかし、江戸時代には、名の起こりを伝える奇怪な話が語られていた。

その昔、嵯峨野を愛した嵯峨天皇の寵愛《ちょうあい》する橘《たちばな》嘉智子《かちこ》、世にいう檀林《だんりん》皇后が亡くなったときのこと、その遺骸は、帝の恋慕愛執を絶つため嵯峨野の原に捨てるように、との皇后の遺言に従って、野に捨てられた。皇后が身につけていた経帷子（死装束）が風に吹かれて舞い上がり、落ちたところが、この辻であった。

興味深いことに、檀林皇后ゆかりの嵯峨野の二尊院《にそんいん》のあたりには、舞い散った皇后の緋《ひの》袴《はかま》を祀《まつ》るという「日裳宮《ひものみや》」や上衣《うわぎぬ》を祀る「裏柳の辻」、さらに舞い落ちた遺髪を祀る「長《たけの》明神《みょうじん》の社《やしろ》」もあった。とすれば、今は痕跡を見出すことができないが、かつてはこの帷子を祀る社も、この付近にあったのかもしれない。

江戸後期の妖怪画集『絵本百物語・桃山人《とうさんじん》夜話』の「帷子辻」には、若い女性の遺骸を烏《からす》がついばむ光景に添えて、次のような言葉が書かれている。「檀林皇后の御尊骸を捨てし故にや、今も折りふしごとに女の死がい見へて、犬、鳥などのくらふさまの見ゆるぞ、いぶかしき事になん」。

由来　嵯峨天皇が皇后の遺骸を野に捨て、身に着けていた帷子の落ちたところがこの辻だとされている。

あし　京福電鉄嵐山線　帷子ノ辻駅下車

老《おい》ノ坂《さか》峠《とうげ》

◆子安地蔵に込められた安産祈願

山城《やましろ》と丹波《たんば》の国境であった老《おい》ノ坂《さか》峠は、いまでは京都の人びとの霊園があるところというイメージが強い。だが、かつては近隣から人びとが集まってきて市《いち》が立ち、近世にはかなりの人家があったという。

この峠には、いつのころからか、小さな堂が建てられ、おそらく道祖神の後身と思われる「子安《こやす》地蔵」とか「峠の地蔵」と呼ばれた、安産に霊験があるという地蔵が祀られていた。由来について、こんな伝説がある。

昔、市盛《いちもり》長者という者の一人娘が難産のために亡くなった。たまたまこの地で宿をとっていた恵心僧都のもとに、この女の霊が現れ、冥土《めいど》の苦しみを訴えて救われ、その礼として、末永く妊婦の難死を救いたいので、地蔵尊を作ってここに祀って欲しい、と言い残して消えた。そこで、女を埋葬したところに生えた栢《かや》の樹《き》で地蔵尊を作った。

この話は『都名所図会』にみえるものであるが、それよりはるか以前に作られた短編の物語、いわゆるお伽草子の一つ『子安物語』には、もっと不思議な話が語られている。

地蔵には庶民の切なる願いが込められている。それは時代を超え、今なお守り伝えられている。

昔、このあたりに佐伯《さえき》長者という者がおり、夫婦に子宝を授けて欲しいと神に祈願したところ、難産の末に「二面八足」の双子の男女を産んだ。天変地異が生じたとき、宮廷陰陽師の占いに、「第六天の魔王が二面八足の人間に化身《けしん》してこの世に現れた」という結果が出たので、その双子を捕らえた。ところが、処刑場に四天王のような神たちが現れ、人違いであることを告げた。再調査の結果、災厄《さいやく》の真犯人は、京の町に住むある女がやはり「二面八足」の子を産んだので、大江山中に捨てたところ、自力で育って鬼神となっていることが判明する。そこで軍勢を派遣し激戦の末にこれを退治した。双子は夫婦となり、やがて安産に霊験がある地蔵を残して姿を消した。長者はこの地蔵のために堂を作った。

このように奇妙な伝承をもった地蔵は、近代になって離村・遍歴を重ねたが、数年前に故郷に戻り、いまも民家の隠居屋にひっそりと、しかし手厚く守り伝えられている。

◆首塚大明神——地蔵が立つ場所には、歴史的な意味がある

老ノ坂の地蔵には、もう一つ、見逃せない伝説が地元に伝えられている。

地蔵堂のすぐ近く、昔の山陰道の国境にあたるところに、いつのころからかは定かでないのだが、「首塚大明神」と称する小さな神社が祀られている。

首塚と聞くと血なまぐさいイメージが湧いてくるが、この首は人間の首ではなく、酒呑《しゅてん》

酒呑童子と戦う源頼光と四天王。童子の正体は何だったのか（『大江山絵巻』東京国立博物館蔵）。

童子《どうじ》という鬼の首だという。

数多《あまた》ある鬼伝説のなかでも、酒呑童子はもっとも有名な鬼である。丹後《たんご》の国の大江山の奥に酒呑童子を首領とする鬼たちが王国を作り、都に出没しては人を誘惑し財宝を盗み取っていた。この鬼を退治するために、源頼光と配下の渡辺綱や坂田金時《さかたきんとき》など四天王が派遣され、激戦の末に退治したというのが伝説のあらましである。そして、酒呑童子の首は斬り落とされ、都に運ばれて、天皇・貴族の前に差し出されたという。

ところが、この神社の境内《けいだい》に掲げられている由緒書によれば、源頼光たちが大江山で酒呑童子を退治し、その首を証拠に都に凱旋《がいせん》する途中、この地で休息したが、脇に祀られていた子安地蔵が、鬼の首のような不浄なもの

は、天子様のいる都に持ち帰ることはならん、と言われた。熊《くま》と相撲をとったという伝説をもつ坂田金時が、都に運ぶと断固として主張して運び上げようとした。だが、ここまで持ってきた首が、びくとも動かなくなってしまったのだ。そこでやむなくその場所に埋めることにした。それ以後、この首塚は首から上の病に効能があるということで信仰を集めることになった、というのである。

　この伝説から浮かび上がるのは、安産に霊験があるという峠の地蔵が、鬼つまり不浄なものの侵入を阻止するというもう一つの役割ももっていたということである。そ

不浄な鬼の首を祀った塚が、人びとの病を治す。そこには、したたかな庶民信仰がある。

ういえば、子安地蔵の起源を語る『子安物語』にも、大江山に住む「三面八足の鬼神」退治のエピソードが語られていた。これも、おそらくこの酒呑童子伝説の強い影響を受けてできあがったのだろう。

【子安地蔵】

由来　難産で死んだ娘の霊の願いにより、恵心僧都が地蔵尊を作って祀ったのが起こりとされる。

ご利益　安産守護

本尊　地蔵尊

あし　京都交通バス亀岡駅前行きで老の坂峠下車

【酒呑童子首塚大明神】

由来　源頼光たちが退治した酒呑童子の首を都に持って行こうとすると、鬼の首が動かなくなってしまい、ここに埋めた。

ご利益　首から上の病に効果

祭神　酒呑童子

あし　京都交通バス亀岡駅前行きで老の坂峠下車

光福寺《こうふくじ》

◆◆護法童子――こんな召使いがいたら……

体が硬くなって身動きができないようになった状態をしばしば「金縛りにあった」という。だが、昔はむしろ、密教系の宗教者が、人を呪術《じゆじゆつ》で身動きができない状態にすることを意味していた。すなわち、「不動金縛りの法」などといった言葉があるように、不動《ふどう》明王《みようおう》などの力を借りて呪縛《じゆばく》したのである。

浄蔵はこの呪術にも長《た》けていたらしく、『今昔物語』などに、八坂の寺に住んでいたとき、盗賊団が侵入してきたのに気づいて金縛りの法をかけたところ、強盗たちは木のように硬直した状態になったまま朝を迎えた、という逸話がみえている。

ここで注目したいのは、浄蔵は彼が崇敬《すうけい》する明王などの援助によってそれを実現している、ということである。さらにいえば、浄蔵の、そして修行僧＝験者の呪力の形象化したものが、陰陽師の「式神」に相当する「護法《ごほう》童子」と呼ばれる「童子」であった。すでに紹介した清滝の老僧に従う童子も、この「護法童子」で、俗人には姿が見えないのだが、この童子が中空に飛翔《ひしよう》して鉢を運んでいたのである。

光福寺蔵王堂。なんと、浄蔵が飛ばした鉄鉢が残されているという。

ということは、浄蔵もまたこうした護法を使って、鉢を飛ばしたり、人を呪縛したりしていたわけである。この護法童子は、密教の考えによれば、不動明王などの彫像・画像に脇侍《わきじ》として描かれている童子であって、高僧たちはこの童子を自由自在に使って、身の回りの世話をさせていたのであった。

南区の久世《くぜ》橋から西に少し行ったところに、浄土宗西山《せいざん》派の、「蔵王堂《ざおうどう》」として知られる「光福寺」という寺がある。浄蔵を開祖とする寺であって、本堂には吉野修験道の独自の神格である金剛蔵王権現を祀り、浄蔵像や彼が用いたという鉄鉢も所蔵している。大きな立派な鉢である。この寺で、しばしこの鉢（それを手にする童子）が、食べ物を求めて京都の空を飛び回る光景を思い描いてみるのも一興であろう。

由来　天暦九年（954）、創建。平安京を守る裏鬼門とされている。
本尊　金剛蔵王権現
イベント　八朔祭法楽会（8月31日）
あし　市バス　久世橋西詰下車、北西へ徒歩10分

伏見稲荷《ふしみいなり》

◆◆競争社会では、稲荷信仰が頼りになる

秦氏の先祖が稲や粟《あわ》を栽培して豊かな生活をしていた。あまりに富み栄えたので、米の餅《もち》を的《まと》に仕立てて弓で射ったところ、その餅が白鳥になって飛び去り、ある峰に降り立った。すると稲が生えてきた。そこでそこに社を建てた。子孫はそのことを反省し、社の木を自分の庭に移植した。この木が生きているうちは栄えるが、枯れると家が傾くという。『山城国風土記逸文』にみえる伝説である。

この白鳥が舞い降りて稲が生えてきた場所（稲荷山）に社が建てられ、それが発展したのが、いまの伏見《ふしみ》稲荷大社であるという。

稲荷大社は商売繁盛の神、現代風にいえばビジネス繁盛の神として知られているが、この不思議な伝承が物語るように、もともとは農業の神、それもとりわけ「稲」を祀る神社であった。おそらく秦氏が稲を早い時期から積極的に栽培したからこそ、こうした社名を名乗ることができたのであろう。

この伝承の興味深いところは、稲の霊をしっかり祀れば長者になれるが、それをおろそ

かにすれば没落する、という点にある。別の言い方をすれば、家の盛衰は稲の霊の祭祀《さいし》の善し悪しによっているのだ、というのである。当然のことだが、ならば一生懸命に「稲の神」を祭祀しようということになる。実際、そうして「いなり」の信仰が盛んになったわけである。

だが、やがて密教などの影響を受けて、農業神の枠を越え、また信仰の内容もいっそう過激になっていった。たとえ将来は没落しようと、あるいは子孫が不幸や貧乏になろうと、

稲荷神の「お使い」（眷属）である狐。口にくわえる巻物は、化身する際に欠かせない秘具である。人びとは、その神秘性に現世利益の願いを託す。

さらには他人を不幸にしてでさえも、とにかく一時であれ、権力や財産を手に入れて栄華を極めたいという願いも叶えてくれる。人びとはそんな霊験も稲荷神に期待するようになっていったのだ。

すなわち、限られた富を奪い合う競争社会において、もっとも頼りにされた信仰、それが稲荷信仰であった。近世の商人たちに絶大な支持を得た理由も、この点にあったと思われる。本殿の背後から稲荷山中に延々と続く参道の千本鳥居（奉納された鳥居）も、そんな人びとの祈りの記念碑ではなかろうか。

◆神権の交代を物語る龍頭太伝説

伏見は渡来人系の秦氏によって開拓された地域である。「稲」を中核にすえた農耕にとって、水利は欠かせない条件であった。稲荷山から流れ出た水が大きな川に注ぐこの地域は、たしかに稲作に適していたと思われる。しかも、東山連峰の南のはずれのこんもりとした稲荷山の峰々は、神が宿る「神奈備山《かんなびやま》」とするにふさわしい姿かたちをしている。当然、昔の人はそのような山を神格化し、また神霊が宿ると考えたはずである。

稲荷山の神は水を支配する神であり、その姿は大蛇（龍神）であったにちがいない。残念ながら、それを物語る確かな伝承は残っていない。だが、はるか後世のものだが、その

稲荷山は、空海がパワーを得たゆかりの地でもある。

記憶を伝えるような伝承が残っている。『稲荷大明神縁起』のたぐいに語られている「荷《か》田龍頭太《だりゅうとうた》」の伝説である。

龍頭太という者が稲荷山の麓《ふもと》に、長年にわたって住んでいた。昼は田を耕し、夜は山に入って薪《たきぎ》を求めるという仕事をしていた。その顔は龍のごとくで、顔の上には光を放つものがあり、そのため夜であっても昼のように明るくなった。この龍頭太は稲荷神で、その子孫が秦氏と並ぶ有力な神職家であった荷田《かだ》氏であるという。

ここに描かれている稲荷山の神は、龍の頭をした、想像しただけでもグロテスクな翁《おきな》の姿をしており、その姿には稲荷の古層には農耕・林業の双方にかかわる龍神信仰があったことが刻みこまれている。夜を昼のように照らす「光」とは、仏の眉間《みけん》にあって光を放つ「白毫《びゃくごう》」のようなものであったのかもしれない。

この話に続いて伝説は、さらに示唆《しさ》に富んだ話を語る。弘法大師がこの山で修行を積んでいたとき、山の神と名乗る翁（龍頭太）が現れ、この山を大師に譲り、自分はその鎮守になろうと言ったので、感じ入った大師はその翁の面を作り、神社の竈殿《かまどでん》に安置したというのである。ここには、古来の稲荷神が仏教に従属していくさまが描かれているのであろう。

竈殿に祀り込められた龍頭太を記念する面は、いつのころからか失われてしまったという。

◆◆「お稲荷さん」には「お狐さん」が欠かせない

「お稲荷さん」といえば、多くの人は「狐」を思い浮かべるのではなかろうか。伏見稲荷大社にも狐の像が立っている。たしかに現在の稲荷信仰には狐が不可欠である。しかし、そこでの狐はあくまでも稲荷神の「お使い」（眷属《けんぞく》）であるにすぎない。とこ

大社内の御産場稲荷に供えられたロウソクを持ち帰ると、陣痛がロウソクの燃え尽きる時間ですむといわれる。

ろが、稲荷とは狐の霊を祀っている神社と思っている人が意外に多い。いや、実際、誤解の末に、狐の霊を祀り上げたという伝承をもつ稲荷社もたくさん存在しているのだ。

稲荷と狐の関係がいつごろ始まったのかは定かでない。おそらく中世になって言われだしたのではなかろうか。というのは、そのころから稲荷神社に参籠《さんろう》したら、夢に狐が現れて託宣《たくせん》を授けてくれた、といったたぐいの伝承が、たくさん語られるようになるからである。

しかし、注意しておきたいのは、稲荷信仰に結びつけられる以前から、狐を神秘的な能力をもった特別な動物とみなす信仰があり、人間に化けたり、人に乗り移ったりすると考えられていたことである。その段階で、すでに稲と狐の特別な関係があったのではないかと推測する研究者も多い。

そんな関係を物語る伝承として思い出されるのは、一匹の狐が中国から稲穂を一つ盗んで日本にもたらしたという「狐の稲盗み」の昔話である。この昔話の狐は、たしかに日本に稲を伝えたという点では好ましい狐である。ギリシャ神話の、天界から火を盗み出して人間界に伝えたプロメテウスに匹敵するといってもいいかもしれない。だが、稲を盗み出したという点に着目すれば、泥棒狐ということになる。狐にはそうした二重性が絶えず課せられてきた。近世後期から近代にかけて、関東地方や中部地方、山陰地方などに顕著にみられた「狐持ち」の家筋に関する伝承などは、その典型的な例であろう。すなわち、その種の家が金持ちなのは、狐を用いて他家から富を盗み取ったからだ、と考えられていたのである。

稲荷信仰は、こうした狐信仰を取り込むことによって飛躍的に発展するが、同時にその暗い面も抱え込むことになったのであった。

◆◆今なお生き続ける「狐使い」

日本各地で民俗調査をしていると、「狐使い」とか「稲荷行者」とかいった言葉を耳にする。狐の霊を操って占いをしたり病人祈禱などをしてくれる宗教者のことで、とりわけ立身栄達・商売繁盛に霊験あらたかといわれていた。そうした宗教者たちが修行を積んだり、あるいはその使役《しえき》する狐の霊を授かる聖地が、この伏見稲荷であった。

高知県の山奥で、占い上手で評判の祈禱師に出会ったことがある。いわゆる「狐使い」「稲荷使い」で、かれの説明によれば、その「狐」は隣村の祈禱師が所持していたものを譲り受けてきたものであった。その狐の由来として、次のような話が伝わっていた。

その祈禱師が伏見稲荷の奥で修行を積み、十二匹の子どもの狐を入手して戻った。そしてこれを水を張った桶《おけ》のなかに閉じこめ、最後まで生き残った狐の霊を祀ったところ、こ

日本人の稲荷信仰は絶えることはない。稲荷山中に延々と続く参道には、大企業が寄進した鳥居が林立する。

の霊がいろいろなことを教えてくれるようになった。

こんな報告もある。愛知県一宮《いちのみや》市の某所に「クダ狐」を操る占い師がいた。そのクダは伏見から受け取ってきたものであった。ご神体と称して所持していたのは、奉書でくるんだ指の太さくらいの大きさの竹の管で、その中央が仕切られていて、そのそれぞれに雄と雌の狐が飼われていた。

こうした奇怪な伝承が伝わっているのも理由がないわけではない。というのも、神仏分離によって仏教色が一掃されてしまったが、それ以前の神仏習合の時代には、稲荷山にはかつて真言宗＝東寺系の愛染寺《あいぜんじ》という寺があり、この寺を拠点に

稲荷山の山中は、狐を操る霊力を授かるために、数多くの行者が
修行に励んだ聖地である。

して、行者たちが山内の行場《ぎょうば》で修行を積み、稲荷神から眷属の狐を操る霊力を授かろうとしたからであった。そんな行者がとりわけ崇敬したのが、ダキニ天と呼ばれる密教の神で、その神像は狐の背に乗った姿で描かれていた（五〇ページ参照）。

今でも稲荷山の麓《ふもと》や山中を巡り歩くと、そうした神仏習合時代の名残をとどめる新旧さまざまな宗教団体の聖地・修行場、すなわち「塚」や「滝」に出合うはずである。

由来　和銅四年（711）、秦伊呂具が農耕守護神を祀って創建。中世以降、商売繁盛・開運・技術向上の守護社として信仰を集める。全国で約四万社ある稲荷神社の総本山。
ご利益　五穀豊穣　商売繁盛
祭神　稲荷明神
イベント　初午大祭（2月初午の日）稲荷祭（5月3日）ほか
あし　京阪電鉄本線・市バス　稲荷大社前、JR奈良線　稲荷駅下車

五章

宇治・大津

妖怪たちが跋扈《ばっこ》する京都文化圏の外縁

比叡山横川護符

大津
横川中堂
おごと
守山市
日吉大社
延暦寺
さかもと
ひえいざん さかもと
比叡山
JR湖西線
琵琶湖
京阪石山坂本本線
からさき
比叡山ドライブウェイ
琵琶湖国定公園
近江神宮
おうみじんぐうまえ
にしおおつ
慈照寺(銀閣寺)
大文字山
草津市
べっしょ
大津市
京都市
関蟬丸神社下社
おおつ
近江大橋
やましな
しのみや
東海道本線
名神高速道路
ぜぜ
蟬丸神社
せた
京都東IC
いしやま
東海道新幹線
宇治
みむろど
京阪宇治線
菟道稚郎子御陵
瀬田唐橋
うじ
瀬田東IC
いしやまでら
宇治川
市民会館
JR奈良線
宇治橋
宇治上神社
瀬田川
仏徳山
うじ
橋姫神社
宇治神社
宇治公園
第二名神高速道路
浄土院
県神社
平等院
花やしき浮舟園

橋《はし》姫《ひめ》神《じん》社《じゃ》

◆◆橋姫伝説には、女の哀しみが込められている

宇治は京都の南のはずれにあたる。京阪《けいはん》宇治駅を降りて、宇治橋を東から西に渡り、さらに少し南に歩いた道路脇《わき》に、橋姫《はしひめ》神社という小さな社《やしろ》がある。昔は宇治橋の上に祀られていたもので、興味深いことに、宇治橋の中ほどには、その記憶をとどめるための「三つの間」と呼ばれるスペースが設けられている。

丑の刻参り姿の橋姫。そこには女の怨念が凝縮されている（鳥山石燕『今昔画図百鬼』）。

祭神の橋姫は、世間では『鉄輪《かなわ》』で語られた、鬼になった姫を祀ったものだ、と言われていて、江戸時代から縁切りに御利益《ごりやく》があるとされてきた。

実際、お伽草子『鉄輪』には、安倍晴明に退散させられた鬼女が夜な夜な都に出没したので、渡辺綱と坂田《さかた》金時《きんとき》が退治に出たところ、怖《おそ》れをなした鬼女は「こ

10メートル四方もない狭い境内。縁切り神社には不釣り合いな千羽鶴が、所狭しと供えられている。そこには、愛憎定まりきれない人間の心性があらわれている。

れからは悪いことはしないので、この私を弔《とむら》ってくれ」と言い残し、宇治川の水の中に消えた。そこで晴明は川のほとりに社を設け、「宇治の橋姫」と名付けて祀った、と語られている。

しかし、宇治の橋姫は重層的な性格をもった神であった。こんな話も伝えられていた。橋姫のためにワカメを採りに行った夫が、海辺で笛を吹いたところ、龍神の婿《むこ》にされてしまったという。『橋姫物語絵巻』に描かれている話である。これを悲しんだ姫を死後祀ったのが橋姫明神であったらしい。

また、次のような伝承もある。宇治川のほとりに、ある夫婦が住んでいた。男が龍宮に宝物を取りに出かけて戻ってこなかった。女は悲しんで、ついにこの橋のたもとで亡くなった。そこで女を「橋守明神」として祀った。

このような幻想的な物語から浮かび上がってくるのは、妬《ねた》み祟《たた》るというだけでなく、その古層に隠されている、龍神に夫を奪われて嘆き悲しむ妻の姿である。先人は、そこに、橋を架けるにさいしての「人柱《ひとばしら》」の習慣さえ読みとろうとしたが、少なくとも、橋姫が橋を守り、水害・水難を防ぐ神として信仰された時代があったことは推測できるのではなかろうか。

由来　鬼の姿を真似よという託宣に従い、宇治川に浸かって鬼になった姫を祀った。近くには、橋姫神社とは反対に、縁結び・安産の守り神（コノハナサクヤヒメ）を祀る県神社（平等院の鬼門を守る鎮守社）がある。
ご利益　縁切り
祭神　瀬織津姫　住吉明神
あし　京阪宇治線　宇治駅下車、宇治橋西詰の南約５００メートル

平等院《びょうどういん》

◆◆阿弥陀像の前に座せば、極楽浄土が見える

橋姫神社からさらに南に少し歩くと、有名な平等院《びょうどういん》に出る。もとは源融《とおる》の別荘だった。人の手を経て藤原道長の別荘となり、その子・頼通に譲られてから寺に改められた。鳳凰《ほうおう》堂《どう》とも称される阿弥陀堂を建立、その後も法華堂、多宝堂、不動堂、経堂（一切経堂）などを建立し、摂関家《せっかんけ》の氏寺の役目をになうことになった。

阿弥陀堂は宇治川から引き込んだ水を満々とたたえた池に浮かぶ水上楼閣《ろうかく》で、堂内には阿弥陀如来像が安置され、内壁の四面には来迎図（阿弥陀仏が衆生を極楽浄土に救うためにこの世へ下降する図）が描かれていた。密閉した暗い堂内に、ゆらめく灯火のなかに浮かび上がる来迎の光景。阿弥陀像の前に座すことで、西方からの来迎を幻想できるようになっていたのである。それは、この世で極楽浄土を実感する、ヴァーチャル・

ィー装置である。

阿弥陀堂はこの世で極楽浄土を実感できる、ヴァーチャル・リアリテ

リアリティー装置であった。

しかし、平等院の本質はそうした側面だけではとらえ尽くすことができない。というのは、平等院の「奥の院」あるいは「地主神社」ともいえるような宗教施設が設けられていたからだ。阿弥陀堂の南西にあったと推定されている「経蔵《きょうぞう》」（宝蔵）である。

経蔵とは、寺の宝である経典を納める建物である。だが、この経蔵はただの蔵ではなかった。これは三月三日の一切経会《え》の日以外は、特別のことがない限り、厳重に施《せ》錠《じょう》されて誰も入ることができない神秘的な蔵であった。

しかも、伝承では、頼通は死後「龍神」となって宇治川に住み、夜中の丑《うし》の刻になると川の中から出現してこの経蔵を見回ったという。極楽浄土に赴くために作った寺院であったにもかかわらず、経蔵が気がかりで龍神になったというのだ。

いったい何がそこに納められていたのだろうか。

◆◆宇治の宝蔵には、天皇家の光と闇が詰め込まれている

平等院の経蔵は南北朝の戦乱で焼失するまで、実際に存在していた。そこに一切経をはじめとする貴重な経典・仏具のたぐいが収納されていたのは当然だが、そればかりでなく、摂関家が収集した宝物も収蔵されていた。つまり、それは寺の宝蔵であるとともに、摂関家の「宝蔵」でもあった。

頼通が龍神となって守護しようとしたのは、摂関家の権力の象徴ともいうべき、この宝蔵であったのだ。そこに貴重な宝物が集積され続けることが、摂関家の繁栄を意味し、そこから収蔵品が消失することは、摂関家の衰退を意味していた。宇治の経蔵は、摂関家の「宝蔵」として象徴的・呪術《じゆじゆつ》的な意味合いを強く帯びていたのである。

やがてこれをふまえて、この宝蔵には、幻想の宝物まで収蔵されるようになる。存在してしかるべきものが存在していないのは、宇治の宝蔵に収蔵されて門外不出とされている

宇治の宝蔵には、玉藻前に化けた九尾の狐の遺骸も収蔵されているという（鳥山石燕『今昔画図続百鬼』）。

阿弥陀堂大屋根に飾られる鳳凰。

からだとか、宇治の宝蔵にはこの世に二つとない貴重品がたくさん秘蔵されているといった伝承が、まことしやかに語りだされたのである。

そして、ついには、その宝蔵に幻想の最たるものといえる「退治された妖怪の遺骸《いがい》」まで収蔵されることになった。

その一つが、すでに触れた大江山の

「酒呑童子」の首であった。酒呑童子は京都の王権を破壊しようとした鬼の首領である。それが退治されたとき、その首を保管して置くもっともふさわしい場所として、この「宝蔵」が選び出されたのだ。もちろん、物語伝承のなかでのことである。鈴鹿山《すずかやま》に籠《こも》って都の王権を脅かした、鬼の首領「大丈丸《おおたけまる》」の首も、やはり退治されたあと、ここに収蔵されている。鬼ばかりではない。さらに玉藻前《たまものまえ》という美女に化けて王権を脅かした、大陸からやってきたという「金毛九尾の狐」の遺骸もまた、退治されたあと収蔵されたという。

宇治の宝蔵は、光り輝く京都の王権が抱え込まざるをえない「闇《やみ》」までも見事に封じ込めていた空間であったといえよう。

由来　永承七年（1052）、藤原頼通が、父・道長が極楽浄土を願って建てた別荘に大日如来を安置し、寺とした。
ご利益　極楽往生
本尊　阿弥陀如来
あし　JR奈良線・京阪電鉄　宇治駅下車、徒歩10分

蟬《せみ》丸《まる》神《じん》社《じゃ》

◆◆天皇家と放浪芸能者とのつながり

『百人一首』の「これやこの行くも帰るも別れては知るも知らぬも逢坂の関」の作者として知られる蟬丸《せみまる》は、平安時代末期から『今昔物語』などの説話集にその名が登場する。たとえば、朱雀門の鬼と笛を競い合ったという伝説をもつ源博雅が、逢坂山に庵を結んで住む蟬丸のもとに三年間通って、ようやく琵琶の秘曲を教わったという。

しかしながら、実在した史料は皆無なので、おそらく蟬丸は虚構の人物なのであろう。そんな蟬丸を祀るのが、蟬丸伝説の地・逢坂山（大津市）にある「蟬丸神社」である。ここには同名の神社が三社ある。大津よりの山下にあるのが下社、山上にあるのが上社である。この二つが古くからの神社で、上社よりもさらに京都よりにある神社はこの上社の分社である。

これらのなかで、もっとも規模が大きいのが下社（関蟬丸神社）である。これは、山の麓《ふもと》にあることや、近世に蟬丸神社を支配した、つまり芸能業の営業許可書を発行した近《ちか》松《まつ》寺が、すぐ近くにあったことなどによっているのかもしれない。

蝉丸神社の原初形態は、この逢坂山が山城国と近江国の国境であり、「現世」と「あの世」の境界でもあった坂に祀られていた道祖神《どうそじん》であった。蝉丸神社にサルタヒコも祀られていることからも、それはわかるはずである。

ところが、中世になってこの道祖神に別の神格が習合することになった。「蝉丸」（下

「あの世」への境界とされた逢坂山。放浪の芸能者たちが、天皇家から追放された蝉丸を神として祀った。

社）と「逆髪《さかがみ》」（上社）で、これは醍醐天皇の第四皇子でありながら、盲目であったがために、逢坂山に捨てられた蟬丸のもとに、これまた前世の因果で髪が逆立つために放浪の身にあった姉がやってきてしばしの再会をしたという、能楽の『蟬丸』にみえる哀《かな》しい話である。おそらく、男女一対の道祖神の由来を説くというかたちで、蟬丸と逆髪の物語が語られたのであろう。

そして、この話からもわかるように、この蟬丸を神と崇《あが》めた人びとは、乞食《こつじき》同然の放浪芸能者たちであったのである。

この蟬丸信仰も、近代になって、彼らの姿が見えなくなるとともに衰退し、忘れ去られていった。

由来　嵯峨天皇のときに、猿田彦と豊玉姫を祀り、円融天皇のときに、琵琶の名手・蟬丸をあわせて祀った。

ご利益　芸能上達

祭神　サルタヒコ　トヨタマヒメ　蟬丸法師

あし　下社はJR大津駅下車、徒歩10分。上社は下社より徒歩10分。分社は上社よりさらに徒歩5分。または京阪京津線　大谷駅下車

瀬田唐橋《せたのからはし》

◆◆「近江八景」の地に、兵《つわもの》どもの夢の跡をたどる

琵琶湖から流れ出す瀬田《せた》川の旧東海道に架かる橋は、古くから「瀬田の唐橋《からはし》」として知られていた。唐橋というちょっと変わった橋名は、中国風の橋が架かっていたことによるらしい。この橋からの琵琶湖の夕景は素晴らしく、「瀬田の夕照《せきしょう》」として「近江八景」の一つに数えられている。

この橋は東国から京都への要所にあたっていたために、しばしば天下の趨勢《すうせい》を左右する戦乱の攻防の地となった。つまり、架けたり破壊されたりが繰り返されたわけである。たとえば、壬申《じんしん》の乱では、近江朝廷（大友皇子《おおとものみこ》）軍と大海人皇子《おおあまのみこ》軍がこの橋をはさんで対《たい》峙《じ》したとき、近江朝廷軍は橋を半分ほど破壊して防ごうとしたという。また、織田信長が足利義昭を奉じて入京しようとしたときには、信長に抵抗する勢力であった近江守護・六《ろっ》角《かく》氏がこの橋を焼き落としたために、信長軍は湖を渡ることになったという。

ところで、瀬田橋はこうした世俗の争いの場になっただけではなかった。神々あるいは妖怪変化《ようかいへんげ》の争いの場所でもあったのだ。その物語を伝えるのが中世の『俵藤太《たわらとうた》物語』で

ある。俵藤太とは、天慶《てんぎょう》二年（939）、朝廷に反旗を翻し、みずから「新皇」と称した平将門《たいらのまさかど》を討った、朝廷側の武将・藤原秀郷《ひでさと》のことである。その秀郷が瀬田橋の上に横たわる大蛇を恐れることなく踏み越えて渡った。すると、大蛇の姿が消えて老翁が姿を現し、彼に次のように頼んだ。「自分はこの橋の下に住む龍宮の主である。どうか年来の敵である妖怪ムカデを退治してほしい」。これに応じた秀郷は三上山を拠点とする巨大なムカデ

「瀬田の夕照」と称されるように、唐橋には夕景がよく似合う。欄干につけられた旧橋の擬宝珠《ぎぼし》が、さらに趣を深めている。

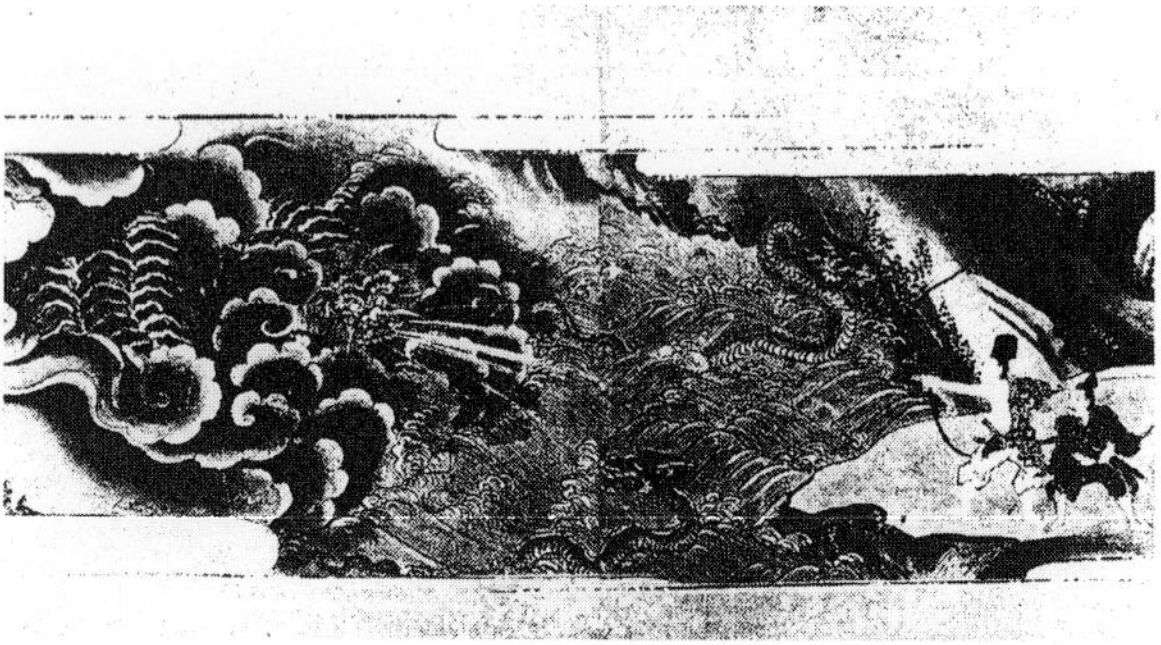

三上山の妖怪ムカデに矢を射かける藤原秀郷。橋守神社は、その秀郷の竜宮訪問譚を伝える(『俵藤太物語絵巻』栃木県立博物館蔵)。

を弓矢で退治した。そして、ムカデ退治をしたお礼にと、秀郷は橋の下の水界にある龍宮に案内されて、たいへんなもてなしを受け、さらにはたくさんの土産をもらって帰ってきたという。
この秀郷の龍宮訪問を記念して、橋の東詰の河畔には、「竜王宮秀郷社」(橋守神社)が祀られている。

由来 『日本書紀』にも登場し、古くから「唐橋を制するものは天下を制する」といわれた交通・軍事の要衝。織田信長が架けかえてから、現在のような大橋・小橋になった。
あし JR東海道本線石山駅下車、南へ徒歩10分

比《ひ》叡《えい》山《ざん》

◆◆延暦寺の深い闇に生きる元三大師《がんさんだいし》

伝教大師最澄によって開かれた比叡山の延暦寺は、京都の鬼門に位置する。つまり、延暦寺は京の都の霊的な要塞であった。

この比叡山には古くから「三大魔所」と呼ばれてきたところがある。東塔東谷にある天梯《てんだい》権現社（尊意の廟墓《びょうぼ》とも天狗を祀る祠《ほこら》ともいう）、横川《よかわ》の慈恵《じえ》大師良源の廟墓、その弟子であった横川飯室谷《いむろだに》の尋禅阿闍梨《じんぜんあじゃり》の廟墓である。いずれもふだんは訪れる人もいないために、陰気な雰囲気が漂っているまことに気色悪いところである。

この魔所の主で、もっとも有名なのは、比叡山中興の祖とされる慈恵大師であろう。その信仰は今日でも盛んである。慈恵大師は「元三大師」、あるいは魔滅《まめつ》大師、降魔《ごうま》大師などとも呼ばれ、これは正月三日に入滅したことに由来し、元三大師堂（四季講堂）も大師の住居跡に建立されたことによっている。

元三大師といえば、まず想起するのは異様な二種類の護符である。一つには、角を生やした餓鬼のような異形の者が、もう一つには、三十三体の小さな僧が刷られている。いず

比叡山中興の祖を祀った、慈恵大師良源（元三大師）祖廟入り口。なぜか鳥居が立つ。

天狗を祀る祠ともいわれる、天梯権現社。平将門の調伏に験のあった僧・尊意が眠る。

れも大師を描いたもので、前者は「角大師」、後者は「豆大師」と呼ばれる。これは、大師がとても美しい僧であったので、宮中へ祈禱などに召されたときに、女官たちから懸想されるのを恐れて、ある時は醜い角をもった鬼の姿で、またある時は目立たぬように豆のような小さな姿になって参内した、との故事によっているといわれている。また、ある説では、疫病撃退用の護符を作るため、鬼も怖れるような姿に変じた大師の姿を写し取った。それがあの鬼のような絵柄なのだそうである。

さらに、「御廟《みみよう》の大師」という

延暦寺の最奥の地・横川にある元三大師の碑。不気味でもありユーモラスでもある。

元三大師堂内に伝わる法具の数々。これを使って大師は……

異名もある。これは、老杉とブナが群落する廟墓が、山上で事があるごとに鳴動を繰り返したために、廟墓に眠る大師を畏怖《いふ》した結果の呼称であった。たしかに、大師の異形の廟墓の傍らにたたずんでいると、静寂のなかから不気味な鳴動がしてくるような気分になってくる。

◆◆呪術師たちの揺籃《ようらん》の地・横川

比叡山の横川（北塔）は、観光客でいつも賑《にぎ》わっている延暦寺とは違い、古樹に包まれた静寂な聖地で、人影のない慈恵大師の廟墓のあたりにたたずんでいると、異界にさ迷い込んだ気分になる。この横川からたくさんの呪術師系の高僧が世に現れたが、浄蔵もその一人であった。

いうまでもなく、呪術僧たちに期待されていたのは、貴族たちの最大の関心であった、いわゆる怨敵調伏《おんてきちょうぶく》・病魔退散である。当然のことながら、浄蔵もその種の呪術つまり「調伏法」に精通していた。たとえば、菅原道真の怨霊に苦しむ藤原時平のための祈禱にも動員され、道真の怨霊を苦しめているのは有名である。しかし、浄蔵の調伏伝説でもっとも有名なのは、次の話であろう。

関東で平将門が反乱を起こしたとき、驚いた朝廷は藤原秀郷や平貞盛《さだもり》を派遣してこれを討たせたが、同時に比叡山の僧や陰陽師たちに怨敵調伏・呪詛《じゅそ》の祈禱を依頼した。その祈禱の内容は、不動明王や大威徳《だいいとく》明王などの五大明王の使者（護法童子）を将門のもとに派遣して戦わせるとともに、将門の名前を書いた札を護摩壇《ごまだん》に投げ入れて焼いたり、将門に見立てた人形を責め立てるというものであった。『拾遺往生伝』などによれば、浄蔵もまたこの求めに応じて、横川の根本如法塔（首楞厳院《しゅりょうごんいん》）で大威徳明王法による調伏をおこなっている。

浄蔵が調伏の祈禱をしていると、灯明の上に甲冑《かっちゅう》に身を固め弓矢をもった将門が現れた。人びとが驚き怪しんでいると、鏑矢《かぶらや》の音がして東の方角を指して飛んで行った。明王の放った矢の音であった。それからほどなくして、将門の軍勢が上洛するという噂《うわさ》が流れ大騒ぎになった。しかし、浄蔵ひとりは少しも騒がず、それは将門がすでに討たれ、

横川の根本如法塔。浄蔵はここから遠く関東の将門を調伏した。

その首が上洛するということの誤報であると予言したが、はたしてそのとおりであった。浄蔵の超能力がいかにすぐれていたかを語る話であろう。

◆◆日吉《ひよし》大社――鉄鼠《てっそ》は現代のネズミ男か

比叡山の東麓の日吉大社は、延暦寺の鎮守神であり、二つの本宮を中心に、山王二十一社と呼ばれる神社群から構成され、さらに各神社にはいくつかの末社が付いている。大政所《おおまんどころ》の近くの神木の根元にある、「子《ね》の神」を祀《まつ》る「鼠《ねずみ》の秀倉《ほくら》」も、そんな末社の一つである。「ほくら」とは「ほこら」が訛《なま》ったものである。

参拝者のほとんどいない小祠であるが、これが「鉄鼠」を祀った社だ、といえば、魔界・妖怪《ようかい》伝承に詳しい人ならばぴんとくるのではなかろうか。

江戸後期の妖怪ブームのきっかけをつくった浮世絵師・鳥山石燕《とりやませきえん》の『画図百鬼夜行』のなかに、「鉄鼠」と題された妖怪絵がある。僧衣を着たネズミを思わせる相貌の男と経典を食い荒らしているたくさんのネズミが描かれた絵で、「鉄鼠　頼豪《らいごう》の霊鼠と化す、世にしる所也」と説明されている。『伊勢参宮名所図会』にも同じ伝説に基づく絵が載っているが、これはもっとわかりやすく、護摩壇の前で祈る頼豪の口から無数のネズミが吐き出されている様子が描かれている。

『平家物語』などによれば、三井《みい》寺（園城寺《おんじょうじ》）の僧・頼豪は、白河天皇の命を受けて皇子誕生の祈禱をおこない、めでたく皇子が生まれた。そこで頼豪はほうびとして宿願であった三井寺の戒壇建立の勅許を願い出た。しかし、延暦寺の反対を受け、天皇が認めなかった。これに激怒した頼豪は、皇子を魔道に道連れにすると呪って、餓死した。その結果、皇子は亡くなってしまったのであった。

頼豪は自分の命をかけて皇子を呪い殺しただけではなく、さらにその怨霊《おんりょう》は延暦寺にも攻撃をしかけてきた。すなわち、頼豪の怨霊は、鉄の牙《きば》、石の身体をした八万四千匹のネズミとなって、比叡山に登り、仏像・経典を食い破った。この被害に困り果てた延暦寺

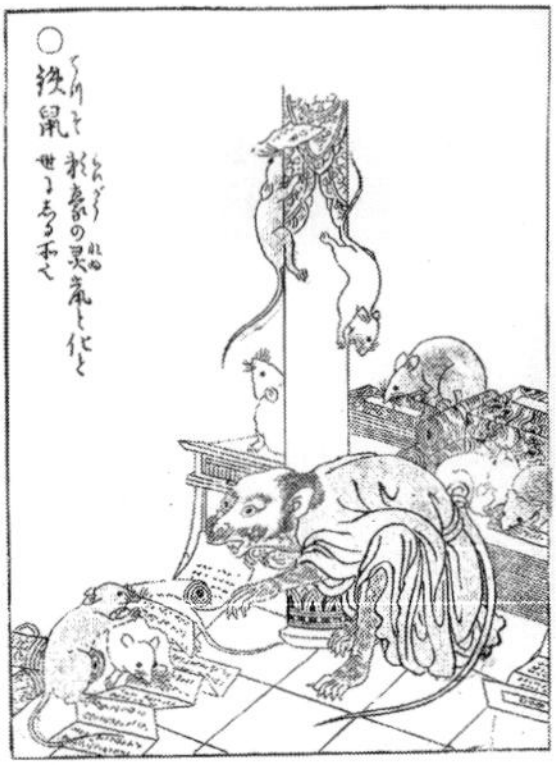

鳥山石燕が『画図百鬼夜行』で描いた「鉄鼠」と呼ばれるネズミ男。

日吉大社の末社の一つ、鼠の秀倉。この小さな祠によって、頼豪の怒りは鎮まったのか。

頼豪の怨霊は無数のネズミとなって比叡山へ攻め上り、延暦寺の仏像・経典を食い破った（『伊勢参宮名所図会』）。

の僧たちは、頼豪の霊＝鉄鼠を鎮《しず》めるために、一社を作って神に祀った。それが「鼠の秀倉」であった。

◆◆比叡山には、今なお魔物が棲んでいる

比叡山の山中を魔所・魔界の足跡を求めてめぐり歩いていたとき、ふと大学院時代の友人のことを思い出した。彼は日光・輪王寺《りんのうじ》の某塔頭《たっちゅう》の息子で、ある時、問わず語りに、

比叡山で修行中の体験を語ってくれたのである。

夜、堂の中で睡魔と戦いながら勤行《ごんぎょう》していたとき、堂の角に魔物としか言いようがない異形の者がいつの間にか姿を現した。恐怖で身も心も凍りついたが、疲れているための気の迷いだ、幻覚だ、と自分に言い聞かせ、必死で勤行した。やがてその姿は消えたが、後でそのことを一緒に行をしていた同僚に話すと、誰もが同じものを見ていたのであった。

こうした体験談が蓄積されていったとき、当然のことながら、聖地としての比叡山は、じつは魔物たちの巣窟《そうくつ》でもあったというイメージも浮かび上がってくる。たしかに、聖地とはその背後に魔界を双子の片割れのごとく抱え持っており、そうであるからこそ聖地たりえているのである。この山に登って修行を積んだ僧たちは、修行の過程でさまざまな神仏と交感し、その力を自らのものにしていった。

しかしその一方では、前述の友人もそうであったように、さまざまな魔物や妖怪《ようかい》のたぐいとの遭遇も経験し、さらにまたそれを調伏《ちょうぶく》する験力を獲得していったのであった。

比叡山の高僧たちをめぐる数知れない悪霊祓《ばら》いなどの霊験譚《たん》は、そうした修行後の話なのである。

総持坊の玄関に掲げられた「一つ目一つ足の法師」。夜中に山中を巡り鐘を鳴らし歩いたという。

実際、山上でそれなりの日常生活を送っていた僧たちの間で、たくさんの魔物や幽霊の話が語り伝えられていたのもその証左《あかし》であろう。
「比叡山の七不思議」として語られる伝承もすべてこの種の話であって、たとえば、その一つを紹介すると、慈恵大師の弟子の慈忍《じにん》和尚が、死後「一つ目一つ足の法師」の姿で現れて、怠け者の僧を戒めたという。興味深いことに、根本中堂から東に少し下がったところにある塔頭の総持坊の玄関には、この妖怪の絵が掲げられている。

【延暦寺】
由来　延暦四年（785）、最澄が比叡山に草庵を結び、唐から帰国後、天台宗を開き延暦寺と号した。
ご利益　商売繁盛
本尊　薬師如来
イベント　修正会（12月31日～1月3日）御修法（4月4～11日）如法写経会（8月初旬）天台大師報恩会（10月23～24日）
あし　JR東海道本線　京都駅から市バス・京都バス・京阪バス四明嶽行きで1時間10分　延暦寺下車

【横川】
由来　延暦寺三塔の一つ。円仁が根本如法塔を建立したのが起源。天台浄土教の聖地であり、高野山でいえば奥の院にあたる。横川中堂、元三大師堂、定光院などがある。
ご利益　商売繁盛　縁結び
本尊　聖観音
あし　京阪電鉄　浜大津駅から叡山行きバス20分　京阪バス横川中堂下車、徒歩5分

【日吉大社】

由来　『古事記』にも登場する、日本で最も古い神社の一つ。京都御所の鬼門を守護する。社殿のほとんどが国宝または重要文化財に指定されている。

ご利益　魔除け・厄除け・鬼門除け　商売繁盛　家内安全

祭神　オオヤマクイ　オオナムチ

イベント　山王祭（3月第一日曜および4月3・12～15日）紅葉祭（11月1日～12月1日）ほか

あし　京阪電鉄石山坂本線　坂本駅下車、西へ徒歩15分本書は「京都新聞」に一九九九年十一月九日から、二〇〇一年十一月三十日まで連載された「魔界万華鏡　洛中洛外」に加筆・修正し、あらたに写真・図版類を加えたものです。

連載中、取材に同行し、素晴らしい写真を撮ってくださった京都新聞社編集局・写真報道部の奥村清人さんに心から感謝の意を表します。（著者）

解説

学問という縦軸、娯楽という横軸。

京極夏彦（小説家）

——学問はつまらない。

いつからだろう、私達は漠然とそう思っている。そんなことはないでしょうと、否定してみても始まらない。真面目に学ぶことは「良いこと」ではあるが「娯しい」ことではないと、少なくとも多くの人は思っている筈だ。

別段、良いことと娯しいことがイコールであってはならないという決まりがある訳ではないのだけれど、娯しむことはあまり良いことではないと判断されてしまうことは事実である。楽しむのがイカンということもないのだろうが、遊んでばかりいることは良くないことだと、いつの時代でもそういわれる訳で、遊ぶ／学ぶ＝娯しい／苦しい＝良い／悪い＝正しい／間違っているという置換可能の構図が、どこかで私達を支配しているようである。

人はどうであれ学ばねばならない。ならば学ぶことは良いことで、正しいことでなくてはならない、つまり娯しくあってはならないと——そういう方程式が出来上がっているのだろう。ストイシズムというか、儒教的というか、痩せ我慢こそを美徳とするような旧弊的風潮が、まだまだ私達の根底に横たわっている所為かもしれない。

実際苦しむからこそ価値があると判断するきらいは根強くある。

だからこそ、未だに励ます言葉は「頑張って」一辺倒なのである。受験会場に向かう受験生に、「愉しんで来てね」と言う者はまずいない。精々がところ「気楽にやれ」であり、「気楽にやれ」の「やれ」の裏には頑張れが隠れている。そうした風潮こそが何かをおかしくしていることは、多分明らかである。

競うこと。耐えること。正しくあれと思う程に、良かれと思う程に追い込まれ、追い詰められるような生き方が、やがて破綻するだろうことを予想することは容易い。事実、誰もがそれを予想し、そして変革を望み続ける訳なのだけれども——。

ただ、変革の時代——といった時、どういう訳か陳腐な印象を覚えるのは何故だろう。思うに、変革というのは一度に訪れるものである。それなのに気がつくと、かなり長いスパンで私達は変革を唱え続けているのである。改革だ革新だ、新風だ新世紀だと、ことあるごとに気運は高まるのだけれど、変わるのは目先のロケーションと僅かな品揃えだけで、私達は基本的には変われないでいるということなのだろう。まるで閉店セールと開店大売り出しを繰り返す町はずれの衣料品店のようなものである。私達は基本的に何かを読み違えているのだ。

何が違うのか、社会学者ではないから私には解らない。ただ、思うことはある。

例えば。

受験戦争、詰め込み主義、管理教育の弊害——。

まるで勉強することが悪いことであるかのような言い分である。

実際に害はあるだろう。問題も多い。しかし一方で、学力の低下や自由保育の弊害なども同じように問題視されている訳で、例えば学級崩壊の問題ひとつとっても、話はそう単純なものではないのだ。詰め込む教育はいかんから詰め込むな、で済む話ではないのである。要は詰め込み方なのだろうと思う。そうしてみると受験だってシステム自体が悪かった訳ではないのかもしれない。戦争に喩えるようなプレゼンテーションしか出来なかったことの方に、寧ろ問題はあるのである。学校—家庭、或は教師—生徒という図式から見えるものは少ない。学校という装置が社会の中でどう機能しているのかこそを考えるべきで、ならば話は簡単ではない。

ただ——。

娯しいかどうかは別として、勉強することが悪いことではないことだけは事実である。どうあれ人は考えなくては立ち行かない。人間は考える生き物なのだ。考える力を養うということは、生き物として与えられた「生きるための機能」を有効に活用するための行為なのである。生命活動を維持するために必要な行為には漏れなく快感というインセンティブが付与されている。ならば、考えることもまた快感を伴う筈だ。考えるためには学ばねばならないのだから、学習することは即ち、本来的に快感を得るために行うプロセスとして捉えられる筈である。

だが現状はどうも違う。

勉強は辛く、学習は退屈で、学問はつまらない――と思われている。

それもこれも、考えること＝快感という図式が見失われているからのような気がしてならない。それを外してしまうと、学ぶ目的もまた見えなくなってしまうからである。

勉強するのは立身出世のため。或は目的達成のため、自己実現のため――お題目は色々あるのだろうが、真面目に勉強したからといってそれらの目的が達成出来るかどうかは怪しい。それは誰もが知っている。目的を失ってしまえば手段たる行為自体は失速してしまう。或は手段自体と目的とを同一視するような事態も発生する。この場合はパターン認識のファイルが増えるだけで成果は上がらないから行為自体は無為なものとなる。経験値を上げることは確かに知識を養うことに繫がるのだが、十の物事を知るために十の経験を積まねばならぬというのならば、これは動物と変わりがない。ひとつの事例から残りの九つを知ること――想像＝創造できることが人とその他の動物を分かつ境界であり、それこそが考える快感なのである。例えば世の中に知るべきことが百あったとして、その百を知るために百の総てを体験したり覚えたりしなくてはならないのなら、それは確かに苦行かもしれない。しかし、十から百が導き出せたなら、それは娯しみとなるだろう。考えるとはそういうことだと思う。

何かのために学ぶのではなく、もちろん学ぶために学ぶのでもない。考えるために学ぶのだ。考える快感を得るために人は学ぶのである。

だから本来、勉強は娯しいものであるべきである。考えることは「娯しい」ということを知るならば、学ぶこともまた娯しくなる筈なのだ。

まず考える力を養うこと、そして考えることは快感を伴うということを教えること――肝要なのはその二点だけだと思うのだが、如何なものだろうか。考える娯しみを知らずして学べというのは、どう考えても本末転倒だと思うのである。そもそも、考えることが出来ないのなら学ぶだけ無駄というものである。どれだけ大量のデータが保存されていても、使い方が解らなければ宝の持ち腐れというものだろう。逆に使い方を熟知していたならば、僅かなデータにも様々な使い道を与えることが出来るだろう。

但し、これは知識や経験――データの量が少なくていいという意味ではない。学ぶことをデータ入力に喩えるなら、考えることはソフトを創る作業であり、そのソフトを使ってデータを処理する作業ということになるだろう。入力されたデータを如何に効率的に、有用な形に変換するか——それが考えるという行為なのである。ソフトがちゃんと機能するかどうかを試すためには、どうしたって入力しなければならない。ならば各ずと入力するデータの質や量も問題となって来る。入力されたものを上回る出力ができるところにこそ、多分快感はあるのだ。優れたソフトがあっても処理するデータがないのでは、これもまた宝の持ち腐れには違いない。

十から百が導き出せるなら、百からは千が導き出せるかもしれないのである。

そして、その百から千を導き出そうという試みが学問なのである。百で足りている世界に於て千を知ろうという試み——現状知ることができる物事の、更に先を見よう、もっと先を知ろうとするのが学問なのだ。類推し創造する、それが学問である。

これが娯しくない訳はない。

しかし、ただ類推するだけでは学問にはならないというのも事実である。学者は、類推したことを実証しなければならない。百から先を見通した後、見通したところまで百一、百二と、こつこつ石を積まねばならないのである。これは賽の河原の石積みにも似た無為な行為とも取れるだろう。しかしその無為な行為を省いてしまうなら、学問は学問ではなくなってしまう。世にいうところの「トンデモ」本などに記されている学説めいたものの多くは、この地道なプロセスを欠いたものである。そうしたものは安直且つ性急に快感を求めるが故にそうなってしまうのである。これは薬物で快感を得ようとするのと似ている。つまり禅でいう魔境である。手っ取り早いことは確かだが、それで得られる快感は贋物だ。その場合、百が千になったかのように思えるだけで、見えている千という数字は決して実数ではない。ひとつひとつきちんと積めて、初めて百は千になるのだ。だから学者は慎重に石を積む。これは目標が見えている普通の勉強よりもずっと地道で、且つ難儀な行為である。石を積むところだけしか見えないから、外からはつまらなく思えるのである。でも、このしんどい作業を支えているのは、やはり最終的に齎される快感に外ならない。達成した時に得られる快感が大きいからこそ、学者は地道な作業を続けられるのである。積み上げた時に得られる快感は、プロセスを省いて安直に求めたそれとは比べ物にならぬ程大きいのである。

学問は神が人に与え給うた何よりの娯楽なのだ。

前置きが長くなってしまったが、私はそうしたことをこの本の著者である小松和彦先生から学んだ。大袈裟な言いようであるが、これは事実である。

学問は娯しいものだと教えてくれたのは、残念ながら私が通った学校の教師ではなく、会ったこともない小松先生だったのである（学生時代にそんな気持ちになっていればもう少しマシな人間になっていたかもしれないのだが、残念ながら私がそこに思い至ったのはずっと薹が立ってからのことである。また、私は小松先生に師事した訳ではない。ご著書を読んで勝手にそう思ったのであるから、ご本人のお考えはどうであるのかそこのところは解らないということもつけ加えておく）。

幼い頃から私は、民俗学という学問に魅かれていた。

いや、それは正確な表現ではない。民俗学の何たるかなど、年端も行かぬ子供に解ろう筈もない。正しくは、民俗学が扱うようなモノゴトが大好きだった、というべきだろう。民話、伝説、民間伝承、民具、祭礼、年中行事、習俗、信仰、迷信――などなど。それから化け物。子供の私は、そうしたものが大好きだった。それらは漠然とした嗜好であり、ひどく混沌としていた。その混沌とした玩具箱の中から、私はひとつずつアイテムを拾っては娯しみ、そして思ったものである。何故自分はこれらのモノが好きなのか。自分はどのような基準で好きなものを選んでいるのか。自分の好きなモノやコトは、いったいどのような結びつきを持っているのか――。

その答のひとつが民俗学だった。ひとつ――と述べたのは、答は他にもあったからである。それは国文学であったり考古学であったり、美術や宗教であったりもした訳で、私は多くの子供がそうであるように、様々なジャンルを遍歴した。どれにも嵌りきれなかったのは、いずれもどこかで私の嗜好をカヴァーし切っていなかったからだろうと思う。

つまらなさを覚えた。どうも食い足りない。何か欠けている。今思えば、総ては考える力が不足していたことに由来する不満だろうと思うのだが、子供だった私は、学問だからつまらないのだと勘違いしてしまったのだ。結局私は学ぶことは学んだが、どこか中途半端なまま大人になってしまった。民俗学が扱っているモノは面白いけれど、民俗学自体はつまらない——告白するなら、そう感じていた時期はそれなりに長かったように思う。そんな折に小松先生の著書に出会って、私は大いに反省を促された訳である。面白かったのだ。民俗学は——面白い。いや、民俗学だけではない、今の自分とダイレクトに繋げることさえ出来れば——考えることが快感だと思えさえすれば——どんな学問も娯しいではないか。陳腐な言い方をするならば目から鱗が取れたとでもいうところか。

私は紙背から（勝手に）そうしたことを読み取ったのだった。

これは大きな励ましとなった。その結果、現在の私があるのだから、小松先生は私にとって謂わば恩人のような存在なのである（ご本人にとっては迷惑な話かもしれないのだが）。

後年、小松先生ご本人と知り合う機会に恵まれた。

小松先生主催の「日本に於ける怪異怪談文化の成立と変遷に関する学際的研究」なる研究会に参加させていただいた訳だが、私のような在野の物書きの参加が許されたことからも知れる通り、それはまさにジャンルを越えたエキサイティングな学際的研究会であった。そこで私達は多くの予見や着想を得た。それはひとつの成果ではあっただろう。しかし、得られた予見の壮大さに比べて、その成果は（貴重ではあるが）まだまだ小さなものである。学問としてはまだ石をひとつ積んだに過ぎない。もちろん――小松先生は十分それを承知されている。

実際にお会いして強く感じたことなのだが、小松先生は慎重で誠実な方である。慎重で誠実などと書くと、額面通り融通の利かぬ堅物を思い浮かべる方も多いだろうが、それは違う。先にも述べた通り、ひとつずつ石を積む慎重さや積む石を吟味する誠実さは研究者にとって欠いてはならぬ姿勢であろう。それを捨てて得られる快感は贋物だからだ。小松先生が慎重なのも誠実なのも、その忍耐の先に待っている本物の愉悦がどれ程大きなものなのかをご存知だからに違いない。慎重で誠実なのは娯しみたいが故である。いうならばそれは、祭りの準備に似ているかもしれない。準備自体は大変だし地味だけれども、祭りの盛大さを思えばそれは決して辛いだけの作業ではない。否――寧ろ辛ければ辛い程期待は高まるだろう。

学問は斯も娯しいものなのである。

さて、本書は学術書ではないし研究論文でもない。新聞連載ということもあってか、平易な文体で大変解り易く書かれてもいるのだが、難解なものを易しく記した類のものでもない。

本書は石を積む作業から少し離れて書かれたもの——と考えることが出来るだろう。

本書には京都の「闇」や「魔」に纏わる様々なモノゴトが、たっぷりと詰まっている。民俗学の枠に囚われることなく、京都と魔界をキーワードにして寄せ集められた怪しいモノやコトが、頁を繰る度に次から次へと羅列される。私にとって本書は、恰も玩具箱のようなものである。いずれも私が子供の頃に好んだモノゴトだからである。ただ——この玩具箱の中に混沌はない。様々なモノゴトは、しっかりとした秩序を持って並べられている。

その秩序を裏打ちしているのは、著者の学者としての知見である。

そう、本書には「積み上げた石」こそ書かれていないが「石の積み方」が書かれているのである。沢山の玩具は、ただぶちまけられている訳ではないのだ。すべては「石を積んで行くとどうなるか」という予見に基づいて選ばれ、並べられているのである。これはこう言い換えることも出来る。本書には、学問になる前の、学者の「試み」が記されているのだ。本書を読み進むことで、読者は書かれていることを娯しむと同時に、著者のたくらみ――もちろん快感を得るための企みである――を窺い知ることが出来るだろう。

例えば『今昔物語』の研究は過去現在を通じて数多くなされている。専門の研究者は大勢いるし、多方面から様々な考察が加えられ続けている。その甲斐あって貴重な成果も上がっているようである。しかし、どれ程精緻な考証や分析が行われようとも、国文学としての『今昔物語』は「現在」とダイレクトに接続するものとはなり得ない。

一方、国文学から離れて『今昔物語』を研究対象にする研究者もいる。例えば、中世を専門とする研究者が『今昔物語』をテキストとして採用することもあるだろう。その場合は文献から中世の社会構造を汲み出すことも可能である。ただ、その場合も、その成果を「現在」に直結させることは難しい。そうした学問は、そもそも到達すべき目的を異にしているのであるから、それは仕方がないことである。

だが、そこに「京都」という具体的な「装置」を代入してみるとどうなるだろう。『今昔物語』は取り分け京都だけを扱ったテキストではないが、いにしえの京都に関わるデータを一定量含むテキストでもある。各学問分野のベクトルに京都という軸を与えることで、『今昔物語』は空間性を獲得する。そこには、酷く疎らな京都の地図が出来上がるだろう。

その疎らな地図に、同じようにして創った『宇治拾遺物語』の地図を重ねてみる。重なる部分もあるし、ずれた部分も出て来るだろう。疎らな京都の地図は、少しだけ密度を濃くし、平面の重なりは厚みを持つ――縦軸が生まれる。更に、民俗学や人類学や考古学や宗教学や、様々な分野の疎らな京都マップを重ねてみる。地図はどんどん密になり、縦軸は高さや深さを増して、やがて時間軸であることが知れる。

そうした作業を繰り返すなら――学問のジャンルを縦断し、歴史の層を横断する形で、立体的な京都の地図が出来上がるに違いない。一番上に載る地図は、もちろん「現在」の京都の地図である。

都市という記憶装置を媒介とすることで『今昔物語』という中世のテキストが、「現在」にダイレクトに繋がるのである。

それが本書の試みであるだろう。

常に「現代」と向き合うこと――現代の「人」と接続すること。それを契機として、より精緻で大きなプログラムを組み上げること――それが小松和彦という学者の、壮大なたくらみなのである。

だから本書は、単なるオカルトマップではない。学問の垣根を越えたパースペクティブを持つことで記録と記憶を交差させ、私達の心が依って立つ場と、場の集積としての歴史時間を読み解こうという稀有な目論見の、第一歩として捉えることも可能かもしれない。

ただ——繰り返すが、本書は学術書ではない。様々な学問的示唆に富んではいるけれど、それらは総てヒントであり仮説であり、いうなれば——豊富な学問的知識に基づいた——思いつきである。

その思いつきは、大いなる「娯しみ」を予測させるものである。本書を起点にして、私達読者はその大いなる娯しみが訪れることを夢想することが出来るだろう。

今後——たぶん著者である小松先生は、より慎重に、より誠実に、苦難の道を歩み始められるに違いない。何故ならこの「試み」が学問として実を結んだ時に齎されるだろう「娯しみ」は、計り知れないものと思われるからである。

知恵の森文庫

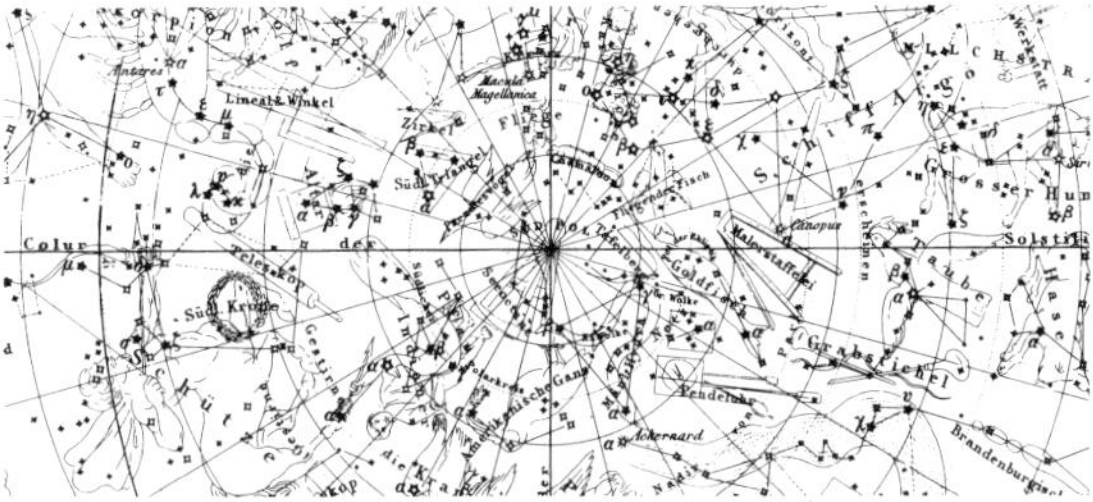

京都《きょうと》魔界《まかい》案内《あんない》 出かけよう、「発見の旅」へ

小松《こまつ》和彦《かずひこ》

2002年2月15日 初版1刷発行

発行者―松下厚
印刷所―萩原印刷
製本所―関川製本
発行所―株式会社光文社
〒112-8011 東京都文京区音羽1-16-6
電話 編集部(03)5395-8282
販売部(03)5395-8113
業務部(03)5395-8125
振替 00160-3-115347

ISBN4-334-78143-8 Printed in Japan

お願い

この本をお読みになって、どんな感想をもたれましたか。「読後の感想」を編集部あてに、お送りください。また最近では、どんな本をお読みになりましたか。これから、どういう本をご希望ですか。

どの本にも誤植がないようにつとめておりますが、もしお気づきの点がございましたら、お教えください。ご職業、ご年齢などもお書きそえいただければ幸いです。

東京都文京区音羽一・一六・六
（〒112-8011）
光文社〈知恵の森文庫〉編集部
e-mail:chie@kobunsha.com